Ikonen der Seele

Schamanische, wunderorientierte Aufstellungen und Rituale. ARBEITSBUCH

Oder: die Sehnsucht der Seele nach sich selbst

Andreas Krüger – Klaus Jürgen Becker

1. Auflage April 2010
2. Auflage Oktober 2010
3. Auflage September 2013
4. Auflage April 2019
5. Auflage Juni 2024

Gesamtherstellung: Patricia Knorr-Triebe
Umschlaggestaltung: Ulrike Bürger
Lektorat: Anita Radi-Pentz
Satz: Richard Weigerstorfer

Postfach 12 03 47· D-93025 Regensburg
Tel. 0 94 04 – 96 14 84· Fax 0 94 04 – 96 14 85
e-Mail: info@best-off-verlag.de
Homepage: www.bestoffverlag.de

ISBN 978-3-89758-647-5

Gut aufgestellt

Die Liebe füllt, was die Ordnung umschließt.

Sie ist das Wasser, die Ordnung der Krug.

Die Ordnung sammelt, die Liebe fließt. - Ordnung und Liebe fließen zusammen.

Wie sich ein klingend Lied den Harmonien fügt.

Und wie das Ohr sich schwer gewöhnt an Dissonanzen, auch wenn man sie erklärt,

gewöhnt sich unsere Seele schwer an Liebe und Ordnung.

Mit dieser Ordnung gehen manche um, als wäre sie nur eine Meinung,

die man beliebig haben oder ändern kann.

Doch sie ist uns vorgegeben.

Sie wirkt, auch ohne dass wir sie verstehen.

Sie wird nicht gedacht, sie wird gefunden.

Wir erschließen sie, wie Sinn und Seele aus der Wirkung.

(Bert Hellinger)

Inhalt

Vorwort

Das vorliegende Arbeitsbuch dient als Ausbildungsgrundlage für die Ausbildung zum Seminarleiter für systemische Aufstellungen nach der Methode, wie sie in der Samuel-Hahnemann-Schule in Berlin und mittlerweile auch in Bayern und anderen Bundesländern praktiziert wird.

Sie finden dort die gängigen Aufstellungsformate vor. Wir haben uns bemüht, in diesem Buch die Anleitung für die Durchführung auf die wesentlichen Punkte zu reduzieren. So erhält der angehende Seminarleiter eine klare Übersicht, wie er vorgehen kann, um seinen Klienten oder Seminarteilnehmer bei seinem Anliegen zu unterstützen. Das hier vorliegende Arbeitsbuch eignet sich in idealer Weise als Memorandum und Unterstützung für Aufstellungsleiter. Auch für den Seminarteilnehmer ist es eine große Hilfe, da er die Vorgehensweise im Einzelnen nicht mitschreiben muss, sondern sich ganz auf das Seminargeschehen einlassen kann.

Immer wieder finden Sie im vorliegenden Arbeitsbuch Leerzeilen und Platz, um eigene Gedanken hineinzuschreiben. Nutzen Sie diesen, so wird es Ihr persönliches Arbeitsbuch.

Die meisten Formate enthalten nach ihrer Beschreibung folgende Unterpunkte:

1. *Erfahrungen*: Hier finden Sie die Erfahrungen vor, die andere Teilnehmer mit dieser Übung gemacht haben. Dies ermöglicht Ihnen einen Erfahrungsabgleich und regt zur eigenen Reflektion an.
2. *Lernerfolg*: Im Absatz Lernerfolg sind das Wissen und die Erkenntnisse beschrieben, die durch die jeweilige Übung erlangt werden können.
3. *Nutzen*: Im Nutzen zeigt sich der Sinn der jeweiligen Methode für den Klienten.
4. *SDS*: Das vorliegende *Arbeitsbuch* ist maßgeschneidert abgestimmt auf das *Hauptbuch* „Ikonen der Seele. Schamanische, wunderorientierte Aufstellungen und Rituale oder: die Sehnsucht der Seele nach sich selbst“. Sie finden jeweils hinter „SDS“ die Seitenzahl vor, zu der Sie im Hauptbuch weitere Erläuterungen und Differenzierungen, Fallbeispiele etc. nachlesen können.

So wird das vorliegende Arbeitsbuch zu einem Handwerkskoffer für Ihre Arbeit als Aufstellungsleiter, Berater oder Coach. In vielen Fällen haben wir entdeckt, dass durch gut platzierte systemische Aufstellungen auch körperliche Genesungsprozesse unterstützt werden können. Insoweit empfiehlt sich das vorliegende Arbeitsbuch auch für die Praxis eines Arztes, Heilpraktikers oder Psychologen.

Bei der Anwendung wünschen wir Ihnen viel Freude

Andreas Krüger Klaus Jürgen Becker

Die Prinzipien systemischer Aufstellungen

Eine Systemaufstellung findet üblicherweise in Seminarform als Gruppenveranstaltung statt. Üblicherweise sind die Teilnehmer im Kreis versammelt, so dass der Platz in der Mitte leer ist.

Die gewählten Vertreter, die (fast) keine Vorkenntnisse über das reale System (in dem sie nun eine Vertreterrolle innehaben) haben, werden gebeten, sich in ihre Rolle, die sie darstellen, einzufühlen und anschließend nach der Veränderungen in ihrer Wahrnehmung befragt, wie z. B.

1. Distanz, Nähe, Verbundenheiten zu anderen Vertretern im System
2. Emotionen wie Ärger, Freude, Stress, Belastungen
3. Impulse, die Position im System räumlich verändern zu wollen, z. B. sich wegzudrehen, jemand anzuschauen, sich zu bücken, hinzulegen, das Feld zu verlassen etc.
4. Veränderungen im Körperempfinden (Enge, Weite, Wärme, Kälte, Schwere, Leichtigkeit etc.)
5. Worte, Sätze, Gedanken, die sich bei ihnen melden.

Die Phänomelogie der Aufstellung liegt darin, dass die aufgestellten Personen die Gefühle und Verhaltensweisen der „echten Personen“ (z. B. der Familienmitglieder des Klienten) übernehmen. Die Familienmitglieder des Klienten werden also im strukturierten Raum der Wahrnehmungen gleichsam zu „psychisch" Anwesenden.

Wichtig ist, dass jeder Vertreter sich in seine Rolle einfühlt und dabei authentisch ist und nicht seine private (d. h. eigene) Thematik in die aufgestellte Position hineinträgt. Die Aufgabe des Seminarleiters ist es, sich von dem „wissenden Feld“ führen zu lassen und dabei mit den Positionen und Wahrnehmungen der Vertreter zu arbeiten. Es geht also nicht darum, dass der Stellvertreter eine Performance gibt, indem er sich gemäß der Klienten-Beschreibung verhält, sondern dass er ehrlich gegenüber seiner stellvertretenden Wahrnehmung ist[1].

Nach Abschluss der Aufstellung werden die Vertreter vom Aufstellungsleiter aufgefordert sich zu „entrollen“ d. h. sich von ihren Vertreterrollen zu lösen, aus dem Feld der Aufstellung herauszutreten und sich wieder mit ihrer eigenständigen und individuellen Persönlichkeit zu identifizieren (s. dazu das Arbeitsblatt „Entrollungsübung“). SDS: S. 98 ff.

1 Es gibt zahlreiche ergänzende Methoden, um die unmittelbare Wahrnehmung zu schärfen, z. B. Focusing nach Eugene Gendlin (Rowohlt Verlag, 4. Auflage, 2004).

Meditation - der gute Ort

Schließen Sie die Augen und machen Sie vier tiefe Atemzüge. Gehen Sie in Gedanken Ihren ganzen Körper durch und machen Sie eine Notiz über jeden Ort, an dem Sie Schmerz oder Spannung wahrnehmen. Schicken Sie Ihren Atem zu jenen blockierten Bereichen und lassen Sie die Spannung sich auflösen. Nehmen Sie sich Zeit dafür, so dass Sie Ihrem Körper wirklich ermöglichen können, sich zu entspannen. Stellen Sie sich vor, wie Sie an einen Platz in der Natur gehen, den Sie lieben, an dem Sie sich mit Energie erfüllt fühlen. Der Gedanke, an diesen Platz bereitet Ihnen ein Gefühl von Ruhe und Freude. Wandern Sie herum, erweitern Sie Ihr Sichtfeld auf 360 Grad und nehmen Sie alles auf, was Sie sehen. Fühlen Sie sich wirklich an diesem Ort. Fühlen Sie die Luft auf Ihrer Haut. Ist sie trocken, warm oder kalt? Fühlen Sie den Boden unter Ihren Füßen, vergraben Sie Ihre Zehen in der Erde. Berühren Sie die Erde. Nehmen Sie bewusst alle Geräusche auf. Hören Sie, wie das Wasser fließt oder der Wind bläst? Gibt es hier Geräusche des Lebens, oder ist es sehr still? Riechen Sie die verschiedenen Düfte? Nun schauen Sie sich um und suchen einen Baum, bei dem Sie sitzen können. Wenn er „ja" sagt, setzen Sie sich auf den Boden und lehnen Sie Ihren Rücken gegen den Stamm. Fühlen sie die starke Stütze, die Sie jetzt haben. Unternehmen Sie dann eine symbolische Reise in das Innere des Baumes. Beginnen Sie beim Wurzelnetz. Stellen Sie sich vor, dass Sie in der Lage sind, Wasser durch Ihre Wurzeln zu ziehen, führen Sie die Nährstoffe in jeden Teil des Baumes und durch Ihren ganzen Körper. Fühlen Sie, wie Sie mit Leben und Energie zu pulsieren beginnen, während jede Zelle damit gefüttert wird. Lassen Sie die Energie durch Ihren ganzen Körper fließen, während Sie erleben, wie sie durch den Stamm des Baumes fließt, hinein in die Äste und durch Ihre Arme und Beine, wie sie die Blätter und Früchte speist, die das Leben repräsentieren – wie sie Ihr Leben speist. Fühlen Sie Ihre Verbindung mit allem Leben. Sie sind Teil eines größeren Ganzen. Niemand von uns ist allein hier. Lehnen Sie sich wirklich zurück in den Baum und erfahren Sie die Liebe des Universums. Sie erhalten in diesem Moment die Führung, die Ihnen zeigt, wie Sie Ihre Instrumente finden können, die Sie zu Ihrem Platz in der Ganzheit bringen.[2]

Erfahrungen: Die guten Orte der Teilnehmer sind unterschiedlich - eine Lagune in der Karibik, eine Zauberinsel, ein hoher Berg, eine Waldlichtung oder auch der eigene Garten oder Wohnzimmerstuhl.

Lernerfolg: Die Teilnehmer lernen einen guten Ort in Ihrem Inneren kennen, den sie jederzeit in der Imagination besuchen können.

Nutzen: Stabilisierung. Die Möglichkeit mit Hilfe des guten Ortes an gute Gefühle zu kommen.

---

2 Text aus: Ingerman, Sandra, Auf der Suche nach der verlorenen Seele, 2. Auflage, 2008, S. 41 ff.

Meine Erfahrungen mit dieser Übung: ...

SDS: S. 132

Meine Erfahrungen mit dieser Übung ...

Der Krafttiertanz

Das Krafttier ist für den Schamanen nicht nur Helfer und Verbündeter, sondern Lebensgefährte, Ratgeber, manchmal auch Lehrer. Der Krafttiertanz ist die ekstatischste Möglichkeit, das Potenzial des eigenen Krafttieres zu nutzen.

Üblicherweise trommeln, rasseln und singen wir in unseren Seminaren intuitiv.

1. Sie beginnen einfach im Tempo und Rhythmus der Trommeln und Rasseln zu tanzen. Alternativ können Sie natürlich eine CD mit schamanischer Musik (Trommel, Rassel, Didgeridoo o. ä.) auflegen.
2. Bewegen Sie sich im Zimmer umher und versuchen Sie die Empfindung nachzuvollziehen, dass Sie ein Säugetier, Vogel, Fisch, Reptil oder auch ein Fabelwesen sind.
3. Sobald Sie spüren, dass eine entsprechende Energie in Ihrem Energiefeld (Ihrer Aura) präsent ist, bewegen Sie sich mehr und mehr so, als seien Sie dieses Tier. Wenn Sie dazu bereit sind, machen Sie auch entsprechende Geräusche.
4. Erlauben Sie, dass das Tier, das sich bei Ihnen gemeldet hat, sich in vollem Umfang durch ausdrückt. Lediglich körperliche Gewalt, sexuelle Handlung und Sachbeschädigung sind von diesem Ausdruck ausgenommen.
5. Wenn der Tanz beendet ist, laden Sie Ihr Krafttier ein, in Ihrem Körper zu bleiben. Legen Sie, um Ihr Krafttier in Ihrem Herzen zu verankern, die Hände auf Ihr Herz bzw., um es im Bauch zu verankern, die Hände auf Ihrem Bauch[3].

Achten Sie beim Krafttiertanz darauf, dass Sie sensitiv erspüren, welche Impulse sich bei Ihnen melden und denen achtsam nachgehen. Wenn Sie ein auf diese Weise aktiviertes Krafttier als Verbündeten gewonnen haben, ist es erforderlich, sich regelmäßig in dieses Tier zu verwandeln (z. B. durch regelmäßiges Krafttiertanzen zuhause oder in einem öffentlichen Raum, in dem dies möglich ist), damit es auch bei Ihnen bleibt. Ganz gleich wie wild Ihr Krafttier sich durch Sie gebärden mag: Sie brauchen keine Angst zu haben, weil das Krafttier absolut harmlos ist. Es ist nur eine Quelle reiner Lebenskraft und hat niemals Angriffsabsichten, auch wenn sich das Krafttier als Raubtier zeigen sollte. Es ist lediglich gekommen, bereit Ihnen seine Lebenskraft zu übermitteln.

Erfahrungen: Jeder erlebt sein Krafttier anders. Für viele Teilnehmer ist der Krafttiertanz eine tiefe Selbsterfahrung.

Lernerfolg: Lernen, sich in sein eigenes Krafttier zu verwandeln.

3 Details darüber, wie wir in unseren Gruppen den Krafttiertanz verwenden finden Sie auf der Vortrags- CD von Krüger, Andreas, Alexanderkreis IX, die Erhöhung der Schlange, Verlag Homöopathie und Symbol, Berlin

Nutzen: In Kontakt kommen mit seinen archaischen Wurzeln; die Persona überschreiten.

SDS: S. 148 ff.

Die Krafttier-Trance

Entspannen Sie sich und verbinden Sie sich mit Ihrem Kraftstrom / Heilstrom[4]. Denken Sie: „Ich bitte den Kraftstrom / Heilstrom zu fließen". Spüren Sie, ob Sie wirklich bereit sind für Ihre Reise in die nichtalltägliche Wirklichkeit und falls in Ihnen ein „Ja" kommt, wiederholen Sie dieses in Gedanken oder durch Kopfnicken „ja" und machen Sie eine Entspannungsübung Ihrer Wahl.

Spüren Sie Ihre Offenheit für die nichtalltägliche Wirklichkeit. Vor Ihrem inneren Auge sehen Sie nun Ihr Eingangssymbol, Ihre Wurzeln, Ihr Erdloch, Ihr Tor. Nehmen Sie sich Zeit, die Besonderheit dieses Ortes auf sich wirken zu lassen. Machen Sie sich bewusst: *Ich reise nun in die nichtalltägliche Wirklichkeit.*

Halten Sie Ausschau nach der Öffnung in der Erde, wie immer sich diese Ihnen zeigt. Gehen Sie jetzt zu dieser Öffnung. Nutzen Sie den Klang der Trommel als Unterstützung für Ihre Reise. Sie passieren nun Ihr Eingangssymbol. Ein Gang, Tunnel oder Weg führt Sie immer tiefer nach unten. Folgen Sie der Energie in die Erde. Gehen, gleiten, springen oder fallen Sie auf die Art und Weise, wie Ihr Abstieg in die untere Welt vonstatten geht. Dieser Weg durch den Korridor öffnet sich Ihnen unterstützt durch die Trommel ganz von selbst. Lassen Sie sich von Ihrer Sehnsucht nach den hilfreichen Kräften, die auf der anderen Seite der Wirklichkeit bereits warten, führen. Vertrauen Sie sich dem Klang der Trommel an und lassen Sie sich zu Ihren inneren Bildern tragen, bis Sie ein Licht sehen. Alles ist bereits vorhanden, wartet auf Sie.

In der unteren Welt angekommen, treten Sie durch das Licht hindurch in eine andere Welt. Nehmen Sie die natürliche Umgebung der unteren Welt war – wo sind Sie? Und was geht dort vor sich? Sie werden gleich Ihrem Krafttier begegnen, das auf der anderen Seite schon lange auf Sie wartet.

Schreiten Sie auf Ihrem Weg voran. Achten Sie darauf, welche Tiere mehrmals auftauchen[5]. Lassen Sie sich nun zu Ihrem Krafttier führen. Sie erkennen Ihr Krafttier daran, dass es sich in Ihrer Aura anschmiegt oder dass es sich Ihnen mehrmals zeigt. Sie können das Tier auch fragen: „Bist du mein Krafttier?" Falls dies so ist, wird es sich noch intensiver zeigen. Falls nicht, können Sie das Tier bitten, Sie zu Ihrem Krafttier zu führen. Das Krafttier ist etwas, was von selbst auftaucht (oder auch nicht), versuchen Sie nicht, dessen Erscheinen zu manipulieren oder zu erzwingen, sondern öffnen Sie sich einfach dem, was Sie wahrnehmen.

Sobald Sie Ihr Krafttier gefunden haben, bitten Sie es telepathisch, mit Ihnen zu gehen und Sie im Alltag zu begleiten.

---

4 Detailinformationen zum Heilströmen nach Gröning sind auf der Vortrags-CD von Krüger, Andreas, Alexanderkreis IV, der Heilstrom, Verlag Homöopathie und Symbol, Berlin

5 Harner (a. a. O. S. 120) empfiehlt: „Umgehen Sie alle drohenden, gierigen Nichtsäugetiere, insbesondere solche, die Fänge ausgelegt haben. Das Geheimnis, wie man das Krafttier erkennt, ist ganz einfach: Es wird Ihnen mindestens viermal in verschiedenen Aspekten oder verschiedenen Winkeln erscheinen."

Alternative Ergänzung: Strecken Sie hierfür beide Hände mit der Handinnenfläche nach oben zu Ihrem Krafttier hin. Nehmen Sie wahr, wie die ätherische Gestalt Ihres Tieres entweder mit Ihrer Aura verschmilzt, auf Ihren Handinnenflächen Platz nimmt oder sonstwie zu Ihnen kommt. Führen Sie Ihre Hände zu Ihrer Brustmitte und stellen Sie sich vor, dass Ihr Krafttier entweder in Ihrer Aura ist (z. B. sich hinter Ihnen befindet und Ihnen über den Rücken schaut) oder über die Brust mit Ihnen verschmilzt. Spüren Sie seine Kraft und verharren Sie in seiner Energie. Spüren Sie, wie sich das Krafttier anfühlt und welche Gaben es in Ihr Leben bringt und sagen Sie innerlich „danke".

Nun ist es Zeit zurückzukehren. Bereiten Sie sich nun darauf vor, Ihre Rückreise anzutreten. (Der Trommelrythmus ändert sich, wird schneller): Sie kommen der Trommel folgend durch den Ausgang und dann durch den Tunnel, die Wurzeln, das Tor wieder heraus ins Hier und Jetzt, doch Ihr Krafttier ist jetzt bei Ihnen. Bringen Sie Ihre Aufmerksamkeit wieder auf die gewöhnliche Wirklichkeit zurück. Sie spüren wieder Ihre Füße, Arme und Beine, auch die Arme können sich wieder bewegen und Sie nehmen das Wissen und die Weisheit mit, die Sie in der nichtalltäglichen Wirklichkeit erlebt haben. Strecken Sie sich, öffnen Sie die Augen und kommen Sie wieder ganz zurück ins Hier und Jetzt.[6]

Arbeitsblatt Krafttierreise:

1. In Reisestellung gehen, entspannen, den Alltag loslassen, den Kraftstrom spüren, tiefer sinken.
2. Sich das Ziel und den Nutzen der Reise bewusst machen, die eigene Sehnsucht und Bereitschaft für die nichtalltägliche Wirklichkeit spüren.
3. Sich bewusst machen, dass es sich bei der Reise lediglich um eine „Erinnerung" handelt, nicht um etwas, was Sie „machen" müssten.
4. Den Zugang zu der Welt des Krafttieres finden (Tunnel, Mandala, Felsspalte, Wirbel, Tor, Kraftplatz, Kaninchenloch, Baumwurzel o.ä.).
5. Durch den Korridor gehen, gleiten, springen oder fallen und sich dabei bewusst machen „ich reise nun in die nichtalltägliche Wirklichkeit".
6. Dem inneren Licht folgend sich von den inneren Bildern tragen lassen, die eigenen Sensoren für die Wahrnehmung der „unteren Welt" öffnen.
7. Das Herz öffnen für die Absicht *Ich möchte jetzt dem Krafttier begegnen und es bitten, mit mir zu sein* und diese im Bewusstsein halten.
8. Auf dem Weg voranschreiten und darauf achten, welche Tiere mehrmals auftauchen. Wenn ein Tier auftaucht, das Tier fragen: Bist du mein Krafttier?

6 Detailinformationen darüber, wie wir in unseren Gruppen die Krafttiertrance durchführen, finden Sie auf der Vortrags-CD von Krüger, Andreas, Alexanderkreis VI, Schutzengel und Krafttier, Verlag Homöopathie und Symbol, Berlin

9. Das Krafttier aufnehmen, z. B. über die Hände, den Körper oder in der Aura und innerlich dafür danke sagen.
10. Über den Ausgang und den Korridor wieder zurückkommen ins Hier und Jetzt.

Erfahrungen: Manchen Teilnehmern fällt die Krafttierreise leichter, andere müssen mehrmals reisen, um mit ihrem Krafttier in Kontakt zu kommen. Indem wir die Bilder und Eindrücke ehren, die wir in der Trance erhalten, erleben wir einen immer bewussteren Kontakt zu unserem Krafttier.

Lernerfolg: Die Krafttierreise schafft eine Brücke zwischen den beiden Wirklichkeiten; die Teilnehmer lernen, sich die Kraft ihrer Helfertiere zunutze zu machen.

Nutzen: Zusätzliche Kraftier-Potenziale entdecken, die vorher nicht zur Verfügung standen.

SDS: S. 152 ff.

Krafttiere als Ratgeber und in systemischen Aufstellungen

Das Krafttier-Interview

Übung: Stellen Sie zwei Stühle gegenüber. Setzen Sie sich auf einen der beiden Stühle. Fragen Sie sich: Welches *Krafttier würde ich zur Lösung meiner aktuellen Aufgabe am dringendsten benötigen?* Stellen Sie sich vor, dass auf dem anderen Stuhl Ihr Krafttier bzw. das Krafttier sitzt, das Sie gerade am dringendsten zur Lösung einer Aufgabe benötigen. Schilden Sie Ihrem Krafttier, was Sie beschäftigt. Dann fragen Sie es:

- Wie soll ich mit der Aufgabe XY umgehen?
- Worin liegt die eigentliche Aufgabe / Herausforderung für mich in dieser Angelegenheit?
- Wie kann mir deine Energie helfen?
- Welches Symbol, welche Idee, welcher Rat könnte mir in der Situation helfen?
- Wie kann ich dich rufen, wenn ich dich brauche?

Dann wechseln Sie augenblicklich den Platz und *seien* Sie dieses Krafttier. Fühlen Sie erst einmal, um welches Tier es sich handelt. Und dann beantworten Sie die gestellten Fragen:

- Die eigentliche Aufgabe / Herausforderung liegt darin ...
- Meine Energie kann dir helfen...
- Helfen könnte dir zusätzlich...
- Du kannst mich rufen, indem du ...

Dann wechseln Sie wieder den Platz und *vereinen* sich mit Ihrem Krafttier, z. B. indem Sie es mit den Händen zu sich führen und erleben, dass das Krafttier mit Ihrer Aura verschmilzt bzw. in Ihrem Herzen Platz nimmt und sich von dort ausgehend ausdehnt.

Krafttier-Identifikation im Rahmen einer Aufstellung

In unseren systemischen Aufstellungen platzieren wir immer wieder unsere eigenen Krafttiere oder die Krafttiere des Klienten im Feld. Genau so, wie Sie im Rahmen von Aufstellungen „den Großvater" oder „die Tante" repräsentieren, so können Sie natürlich auch ein Krafttier darstellen.

Erfahrungen: Die meisten Teilnehmer berichten, dass es ihnen sehr leicht fällt, sich in das entsprechende Krafttier einzufühlen. Wenn sie generell als „Krafttier" in das freie Aufstellungsfeld geführt werden, wissen sie meistens ganz genau, welches Krafttier sie repräsentieren.

Lernerfolg: Hilfe und Unterstützung vom Krafttier erhalten.

Nutzen: Unterstützung verschiedener Aufstellungsformate, insbesondere bei der TRIAS (s. ebenda.)

SDS S. 157 ff.

Aufstellungsseminar – Checkliste der Utensilien

Der Seminarleiter bringt folgende Utensilien in das Seminar mit (alternativ[7]):

- Blumen, Kerzen, Teelichter, Aura Soma, farbige Tücher u. ä., Deko (falls erwünscht)
- Blüten, getrocknete Rosenblätter oder Kristall-Steine (z. B. für eine evtl. ESA-Aufstellung)
- Ein großer Stein: Für den Fall, dass Lasten zurückgegeben werden müssen.
- Ein sehr großer Stein: Der sehr große Stein wird eingesetzt, wenn eine stellvertretene Person eine schwere Schuld trägt und ggf. mit dieser Schuld aus dem Feld geschickt wird.
- Einhandrute zum Austesten (falls man dieses Testverfahren beherrscht)
- Fotoapparat für das Ikonenfoto (falls das Finalbild fotografiert werden soll)
- Kekse, Obst, Tee, Wasser etc. (für die Teilnehmer in den Pausen)
- Musik-CDs die ggf. im Seminar und in den Pausen gespielt werden
- Rasseln, Trommeln
- Räucherwerk(z. B. Wachholder8, Palo Santo9 oder weißer Salbei10), Räucherschale, Feder
- Sprechstab (Talking-Stick) aus Holz für die Vorstellungsrunde
- Teddys, Seelenhölzer, ggf. Bilder von Heiligen, Verbündeten, Lehrern, Krafttieren oder auch von Andreas Krüger
- Teilnehmerliste, auf der auch vermerkt ist, wer eine Aufstellungsgarantie gebucht hat, wer seine Teilnahme bezahlt hat und wer noch nicht; Quittungsheft, Portemonnaie
- Terminkalender
- …

---

7 Diese Liste wurde freundlicherweise von Layena Bassols Rheinfelder zur Verfügung gestellt

8 Der Wachholder ist das große keltische Räuchermittel gegen Dämonen

9 Palo Santo (Burserea graveolens, auf deutsch: heiliges Holz), idealerweise aus Peru, werden große Heilkräfte und das Vertreiben negativer Energien aller Art nachgesagt. Seine Verwendung unter der indianischen Bevölkerung geht auf eine Jahrtausende alte Tradition zurück. Das Volk des Amazonas benutzt traditionsgemäß Palo Santo (heiliges Holz) für seine Riten und Zeremonien um die Anführer der Tiergeister zu rufen. Dieses "heilige Holz" wird auf Holz- oder Räucherkohlen verbrannt. Es wird auch zur Meditation genutzt, da es zur Harmonisierung des Gemüts und zur Klärung der Sinne beiträgt. Infos u. a. unter www.seven-arrows.de

10 Weißer Salbei (salvia alpina, ggf. vermengt mit Süßgras) hat ein wundervolles reinigendes Aroma. Der Geruch dieser Räucherbündel lässt alles Schwere und Belastende abfallen, man kommt bei sich an. Er gilt als heilig und reinigt den Raum von jedem schlechten Spirit. Die Energie wird durch das Brennen der Blätter freigegeben. Infos u. a. unter www.seven-arrows.de

- …

SDS S. 193 f.

Checkliste für den Seminarbeginn

1. *Raumvorbereitung:* Es empfiehlt sich, einige Zeit vor Seminarbeginn, optimal wäre eine Stunde, vorher im Raum zu sein und in Ruhe den Raum vorzubereiten und „einzuschwingen“, z. B. durch Gebete, Heilströmen, Anrufungen, Trommeln, Singen, Räuchern.
2. *Raumgestaltung:* Die Sitzanordnung ist kreisförmig. Auf einem „Altar“ sind Bilder von Krafttieren, spirituellen Lehrern, Schutzheiligen, oftmals auch ein Bild von Andreas Krüger vorhanden, Räucherwerk, Vogelfeder, Trommel, Rassel usw.
3. *Vorstellung durch den Aufstellungsleiter:* Der Therapeut begrüßt die Teilnehmer und berichtet über seine Tätigkeit, seinen Werdegang und seine Aufstellungsmethode.
4. *Aufklärung über die Stellvertreterrolle:* Der Seminarleiter erklärt, dass die Stellvertreter-Rolle im Feld ein Dienst am Feld, insbesondere natürlich an dem betreffenden Klienten ist, von der jedoch auch der Stellvertreter selbst profitiert. Jeder, der für eine Rolle gewählt wurde, kann diese ablehnen und auch noch mitten in der Aufstellung sich melden und sich auswechseln lassen. Jeder ist für sich selbst verantwortlich für das, was er erlebt und was in ihm ausgelöst wird.
5. *Essen:* Bitte um Eintrag in die *Essensliste*, damit das Restaurant, in dem wir mittags essen, schon einmal die Speisen vorbereiten kann.
6. Keine physische Gewalt ausüben.
7. Keine sexuellen Handlungen vornehmen.
8. Auf die Räume achten (keine Sachbeschädigung).
9. Nicht unaufgefordert ins Feld gehen.
10. Als Beobachter: Die Aufmerksamkeit aufs Feld gerichtet halten, möglichst im Raum bleiben.
11. Die Pausen einhalten (in der Regel eine kurze Teepause nach jeder Aufstellung und eine große Mittagspause). Für Tee und Pausengebäck ist gesorgt.
12. Verschwiegenheit: Alles, was im Raum erlebt wird, bleibt unter uns. Insbesondere dem Klienten wird empfohlen, das, was er im Rahmen seiner Aufstellung erlebt hat, erst einmal in sich zu bergen (wie eine Geburt, die er austrägt) und nicht weiter zu erzählen. Wenn Eltern / Kinder oder enge Bezugsperson eines Klienten im Raum sind, ist es manchmal anzuraten, dass sie den Raum verlassen, wenn der Klient sein Anliegen aufstellt (es sei denn, sie nehmen selbst an der Aufstellung teil).
13. Selbstverantwortung: Jeder übernimmt selbst Verantwortung für das, was er erlebt und dafür, wie er es verarbeitet. Sollte nach dem Aufstellungsseminar etwas

hochkommen, was er verarbeiten muss, kann er dafür den Aufstellungsleiter kontaktieren.

SDS S. 194 f.

Die Wundermeditation

„Schließen Sie die Augen und lauschen Sie dem Klang der Trommel / Rassel. Stellen Sie sich nun vor, das Seminar geht weiter und gegen Ende des Seminars fahren Sie nach Hause und tun das, was Sie normalerweise tun, Sie essen zu Abend, putzen die Zähne, gehen ins Bett und Sie schlafen gut und fest ein! Während Sie schlafen geschieht ein Wunder. Alle guten Geister, Krafttiere, Ahnen, Meister, Heilige, alle die es gut mit Ihnen meinen kommen und helfen Ihnen, aber weil Sie ja tief schlafen, merken Sie nichts davon. Und während Sie tief und fest schlafen, geschieht ein Wunder. Es ist nicht irgendein Wunder, es ist genau das Wunder, das die Probleme, die Sie vielleicht auch hier in das Seminar gebracht haben, alle löst. Einfach so. Aber da das Wunder geschieht, während Sie schlafen, werden Sie nicht wissen, dass es geschehen ist. Und dann am Morgen wachen Sie auf. Alles scheint wie sonst, aber es gibt eine Kleinigkeit, an der Sie bemerken, dass etwas anders ist, dass Ihr Problem gelöst ist. Das Problem, das Sie beschäftigt hat, gibt es nicht mehr. Woran merken Sie, dass sich etwas geändert hat? Welches Wort würde Ihr Wunder zutreffend beschreiben? Finden Sie jetzt das Wort! ... Und dann nehmen Sie Zeigefinger und Mittelfinger einer Hand und klopfen dieses Wort irgendwo an Ihrem Körper ein, wo es Ihnen sinnvoll erscheint. Das kann ein besonderer Energiepunkt sein oder irgendein Ort an Ihrem Körper. Und während Sie weiterklopfen, denken Sie an Ihr Wort und wiederholen Sie immer wieder dieses Wort. ... Und nun kommen Sie langsam wieder zurück aus der Trance, zurück ins Hier und Jetzt!

Alternativ: Einige Aufstellungsleiter führen die Gruppe – statt zu rasseln und zu trommeln – in die Stille und bringen sie in Kontakt mit dem ewigen Sein, dem, „was immer war und immer sein wird“. Dann beginnt die Wundermeditation wie oben angeführt.

Erfahrungen: In der Regel fällt es den Teilnehmern leicht, ihr Wunder auf einen positiven Begriff zusammen zu fassen. Falls dies ausnahmsweise mal nicht der Fall ist, hilft ein kurzes Nachfragen des Aufstellungsleiters.

Lernerfolg: Die Teilnehmer lernen ihre Absicht, ihr Anliegen zu präzisieren.

Nutzen: Das Wunder besitzt in unseren Formaten einen hohen Stellenwert, da es quasi als Anker für die Zielerfüllung dient. Indem der Klient erlebt, wie sich im Rahmen seiner Aufstellung sein Wunder verwirklicht, öffnet sich in ihm auch das Potenzial, Erfüllung in einer Verbesserung seiner Lebensumstände, Beziehungen, Gesundheit und in seinem Beruf zu erleben.

SDS: S. 196 ff.

Meine Erfahrungen mit dieser Übung ...

Die Teilnehmerrunde stellt sich vor

Nach der Wundermeditation stellt sich reihum jeder Teilnehmer mit Vornamen vor, sagt einige, wenige Worte, die ihm wichtig sind. Wer etwas zur eigenen Person sagen möchte (kurz!) kann dies tun, insbesondere, ob er schon Aufstellungserfahrungen hat und ob er gerne als Stellvertreter zur Verfügung steht oder vorwiegend in der reinen Beobachterposition sein möchte. Bei der Vorstellung teilt der Einzelne auch Gruppe mit, welches Wunderwort er gefunden hat

Tipp für den Therapeuten: Wenn in der ersten Talkrunde jeder Teilnehmer sein Wunder nennt, z. B. „Freiheit", dann begrüßen Sie jeden Teilnehmer mit den Worten „sei willkommen ... (z. B. Freiheit)" und sehen Sie dabei gleichzeitig ihn als die Verkörperung seines eigenen Wunders, also als die verwirklichte Freiheit an. Stets antwortet das, was wir im anderen ansprechen. So stärkt der Therapeut nicht nur das Feld, sondern sät auch bereits schon den guten Samen des Wunders in jedem einzelnen Teilnehmer, indem er es bestätigt bzw. den Teilnehmer dazu „befähigt".

Einige Aufstellungsleiter lassen für diesen Anlass einen Sprechstab (engl. Talking-Stick) aus Holz herumgehen: Jeweils derjenige, der den Stab hat, ist dran mit dem Sprechen.

Tipp für den Teilnehmer: Versetzen Sie sich in die Lage, als wäre Ihr Wunder bereits geschehen und schreiben Sie einen Brief, datiert auf 90 Tage später an sich selbst bzw. den Aufstellungsleiter: Ich möchte nachfolgend berichten, wie das Wunder sich auf mein Leben ausgewirkt hat ....

Erfahrungen: Manche Teilnehmer würden am liebsten endlos reden, manche bekommen die Zähne nicht auseinander. Ein versierter Aufstellungsleiter heißt alle willkommen und gleicht ggf. durch Zwischenfragen aus.

Lernerfolg: Die Teilnehmer lernen ihr Anliegen in der Gruppe zu äußern.

Das Gayatri-Mantra

Das Gayatri ist das älteste Mantra der Welt und wird auch „Mutter der Veden“ genannt. Man sagt dem Gayatri nach, dass es geistige Unreinheiten beseitigt und das Einheitsbewusstsein fördert.

Wir rufen die Göttin Gaya an, welche die drei Welten (das physische, astrale und kausale Universum) erschaffen hat und alles mit Licht erfüllt. Die Dreieinheit der Gaya, die in diesem Mantra verehrt wird entspricht dabei der Dreifaltigkeit, wie sie auch der Weise Hermes Tresmegistos in seiner Entsprechungslehre beschreibt.

Wir singen üblicherweise das Gayatri zuerst auf deutsch und dann dreimal in der Originalsprache in Sanskrit:

Deutsch	Sanskrit (in Lautsprache)
Om Erde, Äther, Himmel, das was unaussprechlich ist, ist da, um verwirklicht zu werden. Wir ehren deinen Sonnenglanz.	Om buhr bhuvah swaha tat savitur varenjam, bargo devasja dhie mahi dhie yo yo nah prachodayat.

Am Ende schließen wir den Gesang ab mit den Worten: „Om shanti, shanti, shahanti – Frieden!“[11]

Wichtig ist, dass Sie beim Singen oder Beten des Gayatris jedes Wort bzw. die gesamte Wortfolge vollziehend sprechen bzw. denken. Wenn Störemotionen oder unerwünschte Gedankenformen auftauchen, halten Sie einfach weiter Ihre Aufmerksamkeit auf das Gayatri gerichtet und singen bzw. beten liebevoll, geduldig, mit weitem Herzen einfach weiter mit Ihrer Formel. Sie werden ein tiefes Aufatmen spüren und irgendwann die klare Wahrnehmung, dass das Gayatri in ihnen Platz gemacht hat.

Eine Live-Demonstration des Gayatri-Gesanges von Andreas Krüger finden Sie in zahlreichen seiner CDs, u. a. auf der CD Alexanderkreis II „Mantrisches Heilen“[12] sowie auch zahlreichen CDs von anderen Sängern[13].

Erfahrungen: Viele Teilnehmer machen während des Gayatri-Singens die Erfahrung in Harmonie mit der Urmatrix, dem TAO zu kommen.

Lernerfolg: Durch Singen den Verstand hinter sich lassen und sich auf das Ganze einzuschwingen.

Nutzen: Von der Ich-Identifikation zum universalen Selbst gelangen.

SDS: S. 199 ff.

---

11 Details darüber, wie wir das Gayatri verwenden finden sich auf der Vortrags-CD von Krüger, Andreas, Alexanderkreis IV, Heilströmen und: Alexanderkreis X, Heilsame Mantren, Verlag Homöopathie und Symbol, Berlin

12 Audio-CD, Krüger, Andreas, Alexanderkreis II - Mantrisches Heilen, erhältlich unter www.homsym.de

13 z. B. von Deva Premal und Miten „The Essence“ oder die CD „Gayatri“ von Lex von Someren und Stephanie M. Aria, Ayam Music, erhältlich unter www.someren.de.

Die Eröffnung des Feldes

Nach der Wundermeditation eröffnet der Aufstellungsleiter das Feld.

Während getrommelt, gerasselt und / oder geräuchert wird, sagt der Seminarleiter:

> *Wir laden ein alle Ahnen, Verbündete, Krafttiere, Meister, Lehrer, alle die es gut mit uns meinen, an dieser Aufstellung teilzunehmen!*

Oftmals folgen dann auch noch die Namen von Lehrern oder Verbündeten des Aufstellungsleiters. Schüler von Andreas Krüger laden oftmals die Energie von Andreas Krüger ein. Ggf. folgt dann ein freier schamanischer Gesang seitens des Aufstellungsleiters.

Erfahrungen: Es wird von den Teilnehmern als wohltuend erlebt, wenn die heilenden Kräfte angerufen werden. Viele Teilnehmer empfinden die nachfolgenden Aufstellungen als weitaus müheloser, als wenn keine Anrufung erfolgt wäre.

Lernerfolg: Die hilfreichen Kräfte gezielt rufen und durch das Feld im Dienste der Aufstellung arbeiten lassen.

Nutzen: Da die eigentliche Arbeit ohnehin von dem wissenden Feld und den geistigen Helfern durchgeführt wird, unterstützt die Anrufung jedes Aufstellungsseminar auf eine sehr wesentliche Weise. Zudem dient die Anrufung auch als Erinnerung aller Teilnehmer, das „kleine Ich“ aus dem Spiel zu lassen und dem Feld zu dienen.

SDS: S. 203 ff.

Das Interview desjenigen, der eine Aufstellung bekommt

Checkliste:

- Wie heißt der Klient?
- Was ist sein Anliegen (das Problem, die Not)?
- Was ist das Wunder des Klienten: Falls der Klient sich verneinend ausdrückt, z. B. „es geht mir nicht mehr so schlecht", fragen: „Und wenn du das erreicht hast, wie fühlst du dich dann?"
- Hatte der Klient vor der Aufstellung einen prägnanten Traum?
- Ggf.: Gibt es ein Märchen, das den Klienten gerade besonders berührt.[14]
- Gibt es jemandem im System (Herkunftsfamilie, Gegenwartsfamilie), dem ein schweres Schicksal widerfahren ist wie z. B. früher Tod, schwere Krankheit, Krieg, Heimatvertrieben, Abtreibung, Totgeburt, schwerer Unfall etc.
- Gibt es Menschen im System des Klienten, die das gleiche Problem wie der Klient haben?
- Gibt es Menschen im System des Klienten, die ausgeschlossen oder verschwiegen sind?
- Gibt es Menschen im System des Klienten oder außerhalb von ihm, auf die er leidenschaftlich ablehnend reagiert? Was ist der größte Vorwurf gegen diesen Menschen / diese Menschen?
- Gibt es Menschen im System des Klienten, die das Wunder des Klienten bereits verwirklicht haben? Wie steht der Klient zu ihnen, bzw. was glaubt er über sie?
- Was ist der Auftrag des Klienten an den Aufstellungsleiter, also sein Anliegen? Auftrag ist stets das, was mit dem Klienten selbst zu tun hat, nichts was dritte Personen anbetrifft. Erst wenn der Aufstellungsleiter einen klaren Auftrag spürt, beginnt er zu arbeiten.
-

Wichtig für den Aufstellungsleiter:

- Einen klaren Überblick verschaffen.
- Auf das Wesentliche konzentrieren.
- Zentrale Punkte übersichtlich mitschreiben.
- Evtl. dem Klienten helfen, nochmals klar fokussiert zu wiederholen.

---

[14] s. dazu Schäfer, Thomas, Wenn Dornröschen nicht mehr aufwacht. Bekannte Märchen aus Sicht von Bert Hellingers Familienaufstellungen, Knaur Verlag, Mai 2001

Wichtig für den Klienten: Während der eigenen Aufstellung nicht mitschreiben! Stattdessen mit offenen Augen die nun folgende Aufführung im Feld im Feld begleiten, dabei mit offenem Mund atmen und hinschauen. Wahrnehmen, was hoch kommt.

SDS: S. 214 ff.

Die Auswahl des richtigen Aufstellungsformats

Die Wahl des richtigen Formats wird entweder durch den Aufstellungsleiter aufgrund des Interviews bestimmt oder durch Testung z. B. mit Hilfe einer Einhandrute ermittelt. Folgende Formate sind im Arbeitsbuch näher beschrieben:

- Ikone der Seele (klassische Ikone)
- Trauma-Orientierte-Seelenrückholungs-Aufstellung (TOA)
- Erdgebundene-Seelen-Rückführungs-Aufstellung (ESRA)
- Ent-Setzungs-Aufstellung (ESA)
- Schatten-Integrations-Aufstellung (SIA)
- Nachnährung (NN)
- Timeline (TL): Zukunftsreise und /oder Vergangenheitsreise
- Zielannäherungsaufstellung (ZA)
- Symptomaufstellung
- Aufstellung hilfreicher Ahnen (AHA)
- Dankesaufstellung
- Verbeugung vor dem Schicksal
- Ho´oponopono-Aufstellung
- Freie schamanische Aufstellung

Sonderformate (nicht in dem Arbeitsbuch beschrieben):

-
- Arzneimittel-Entwicklungs-Aufstellung (AMEA)
- Betriebsaufstellung: Bei der Betriebsaufstellung wird das Unternehmen wie eine lebende Person behandelt. Ansonsten wird interveniert, wie in den vorangegangenen Formaten dargestellt[15]
- . Dankesaufstellung
- Enthauptungsaufstellung
- Extraktion / Aussaugung
- Heilkreisarbeit
- Heiltanz, Heilgesang
- Inspiration

15 Weitere Informationen unter: http://goldregen.biz/InfoblattGoldregen.pdf

- Krafttier-, Geisthelfersuche (KTS)
- Linienarbeit
- Paar-Schatten-Integrations-Aufstellung: Wie die übliche SIA, wobei davon ausgegangen wird, dass der Partner nichts anderes ist als die Exkorporation des inneren gegengeschlechtlichen Animus / der inneren gegengeschlechtlichen Anima.
- Visitenkarte der Seele (VDS): In der Trance wird ein Name gesucht, der den Klienten über sein Wirken informiert.[16]

Sonderformate anderer Aufsteller[17]

- *Die Kiepe ist voll nach Daan van Kampenhout:* Die Kiepe bzw. auch Rucke, Rückenkorb benannt, dient hier als Sinnbild der Lasten, die wir mit uns herumschleppen. Im ersten Teil dieses Formates werden die Lasten an einzelne Mitglieder der Gruppe (fungiert als Stellvertreter, alle stehen im Kreis) zurückgegeben. Im zweiten Teil werden Ressourcen, die benötigt werden, von den Stellvertretern geholt und in die Kiepe geladen.
- *Jekyll & Hyde-Aufstellung (KJB):* Hier werden der angepasste Teil (die Persona) und der unterschwellig-triebhafte Aspekt (der Schatten) einer Person aufgestellt.
- *Medizinrad-Aufstellung nach Daan von Kampenhout*: Dieses Format ist u. a. geeignet, wenn ein Klient in irgendeinem Aktionsmodus (Stille, Planen, Interagieren, Reflektieren) festhängt bzw. stagniert[18].
- *Partnerschaftsaufstellung nach Daan van Kampenhout*: Hier wird das Paar aufgestellt und zusätzliche Ressourcen, welche die Brücke zu dem Paar schlagen. Dieses Format ist insbesondere dann hilfreich, wenn ein Paar zwar zueinander finden will, ihm aber dafür Katalysatoren fehlen, damit die Verbindung fließen kann.
- *Paar-Aufstellung der gewesenen Verletzungen*: Hierbei handelt es sich um eine Sonderform der Partnerschaftsaufstellung. Aufgestellt wird das Paar sowie die Verletzungen, die zwischen den Partnern geschehen sind. Die Verletzungen dürfen ausdrücken, was sie brauchen, um sich zu wandeln. Der Schlüssel liegt in der Annahme und Ehrung. Wenn z. B. „Abgelehntwerden" eine Verletzung ist, kann oftmals diese aufgelöst bzw. gewandelt werden, indem die Person, die abgelehnt wurde, die Ablehnung annimmt. Am Ende der Aufstellung singen alle Beteilig-

---

16 Eine geführte Trance „Visitenkarte der Seele" ist im Buch von Krüger, Andreas, Reisen in die Länder der Seele, Verlag Homöopathie und Symbol, Berlin, 2000, S. 298 ff. beschrieben.

17 werden u. a. von Layena Bassols Rheinfelder bzw. von Klaus Jürgen Becker eingesetzt

18 s. dazu „The Four Directions" von Daan van Kampenhout von sine causa Verlag (Taschenbuch - Oktober 2008)

ten das Lied „möge Heilung geschehen“ oder auch „ich bitte um Heilung, um Heilung für dich, ich bitte um Heilung, um Heilung für mich“.

- *Head-Heart-Hips-Aufstellung*: Hier werden der mentale, kardinale und vitale Teil einer Person aufgestellt. Dieses Format eignet sich besonders für Klienten, die sich zwischen Denken, Fühlen und Vitalem zerrissen fühlen.
- *Vier Kommunikationstypen-Aufstellung*: Hier werden die vier inneren Kommunikationstypen nach Virginia Satir (Beschwichtiger, Ankläger, Computer, Ablenker) aufgestellt. Dieses Format zeigt sich insbesondere dann hilfreich, wenn der Klient Probleme mit der Kongruenz und Authentizität in seinem Ausdruck hat.
- *Wunder-Sitzung* nach Matthias Varga von Kibéd: Alle Beteiligten eines Themas, meist die Originalpersonen, kommen im Kreis zusammen. Im ersten Teil sprechen sie aus ihrem momentanen Problembewusstsein heraus, wie es ihnen mit sich und den anderen geht. Dann wird eine Wunder-Meditation gemacht. Im zweiten Teil sprechen die Beteiligten weiter, verhalten sich aber in Wort und Ausdruck so, als wäre das Wunder bereits geschehen.

SDS S. 219 ff...

Die optimale Reihenfolge der Formate

Wenn mehrere Formate, z. B. TOA, ESRA etc. nacheinander abzuarbeiten sind, ist es sinnvoll, die folgende Reihenfolge einzuhalten:

-
- Zuerst kommt die TOA (falls eine ansteht), denn es kann nur geheilt werden, was da ist („only what is here can heal"). Sind Besetzungen da, beginnen wir trotzdem mit der TOA, denn diese werden durch die TOA an den Rand gedrängt. Würde man mit ESRA oder ESA beginnen, ohne zuvor die Seelenverluste zurückzuholen, ist die Gefahr da, dass die Besetzungen wieder zurückkommen.
- Dann folgen ESRA und / oder ESA (falls diese erforderlich sind), damit möglichst viel Seelenmasse für die nachfolgenden Heilinterventionen zur Verfügung stehen.
- TRIAS: Wenn TOA, ESRA und ESA hintereinander praktiziert werden, nennt man dies eine „Trias".
- Nachnährungen werden i. d. R. vor der Ikone praktiziert.
- Dann folgen weitere Formate, z. B. die klassische Ikone. Gibt es innerhalb einer Ikone Bindungen an Verstorbene, werden diese zuerst aufgelöst.
- In der Regel endet die Aufstellung mit einer Integration des Wunders, z. B. im Rahmen einer Zielannäherung.

SDS S. 224 ff.

Freund oder Feind komm mir nah

Damit wir tauschen das Wort

Und uns lieben lernen nach den Gesetzen des Herzens.

Denn die Entfernung macht einsam

Und die Begegnung macht klar.

Und wer sich zurückzieht,

geht in die Fremde.

Und wer sich öffnet kommt heim.

In die Häuser der Erde

Und die Winde singen.

(Salama, Inge Heinrichs, 2000)

Die Augenübertragung

In der Regel wird im Rahmen der Aufstellung ein Stellvertreter für den Klienten gewählt. Dies hat den Vorteil, dass der Klient nicht in seinem Ego ist.

Der besondere Charme der Aufstellungsarbeiter liegt in der Loslösung vom Ego:

- Der Klient hat sein Ego abgegeben, da er ja nicht selbst im Feld steht, sondern nur reiner Beobachter ist.
- Der Stellvertreter des Klienten ist auch nicht in seinem Ego, da er ja für jemand anderen steht.
- Auch der Aufstellungsleiter ist nicht in seinem Ego, da er sich vom wissenden Feld und dem Stellvertreter für das Wunder des Klienten führen lässt.

Wenn die Aufstellung so weit fortgeschritten ist, dass der Stellvertreter gegen den Klienten selbst ausgetauscht wird (meist gegen Ende der Aufstellung) werden Stellvertreter und Klient gegenübergestellt. Der Klient wird aufgefordert, sich beim Stellvertreter für die Arbeit, die dieser im Rahmen der Aufstellung für ihn geleistet hat, zu bedanken und aus seinen Augen all das (an Erkenntnis, Freude, Weisheit etc.) zu nehmen, was dieser für den Klienten genommen hat.

Durch die Augenübertragung wird das durch die Aufstellung mittels Stellvertreter gewonnene Potenzial dem Klienten übergeben.

Danach folgt meist eine Umarmung des Klienten mit dem Stellvertreter.

SDS S. 225

Nach jeder Aufstellung – die Entrollungsübung

Nachdem die Aufstellung beendet ist, ist es wichtig, dass die Stellvertreter im Feld die Rollen, die sie eingenommen haben, wieder loslassen. Wir nennen dieses Loslassen der Rollen „Entrollung“ (= Befreiung von einer Rolle).

Für die Entrollung stellen wir uns alle, auch jene, die nur zugeschaut haben, in den Kreis; alle Teilnehmer sprechen dem Aufstellungsleiter im Chor die folgenden Worte nach:

Worte	**Gestik**
Mein Speicher ist gefüllt	Gerade stehen, Beine zusammen, Hände an der seitlichen Hosennaht bzw. der Seite.
Ich öffne meinen Speicher	Die Beine stehen jetzt etwa rumpfbreit auseinander.
Und ich gebe alles an die Erde ab, was mit dem Thema der letzten Aufstellung zu tun hat und nicht das Meine ist.	Die Hände / Arme bewegen sich vor dem Rumpf horizontal zueinander und voneinander weg, dabei stellen wir uns vor, wir lassen alles los, was nicht zu uns gehört. Alternativ: Wer möchte kann die Hände / Arme auch stillhalten.
Ich bin jetzt völlig frei von Fremden, ganz ich, ganz hier und jetzt.	Die Hände / Arme bewegen sich jetzt seitlich vom Rumpf nach vorne und nach hinten
Ich schließe meinen Speicher.	Die Beine gehen jetzt wieder zusammen, die Hände liegen wieder an der Hosennaht / Seite. Tief durchatmen.

Wichtig: Die Formel „gebe alles … ab, was nicht das Meine ist“ impliziert, dass Erkenntnisse und Potenziale, die von den Teilnehmern gewonnen wurden und „zu ihnen gehören“ behalten werden dürfen.

Erfahrungen: Die Teilnehmer erleben die vorliegende Entrollungsübung als äußerst kraftvoll und klärend.

Lernerfolg: Eine kraftvolle Methode für die Befreiung von Fremdeinflüssen, die als Visualisation auch im privaten Rahmen oder bei anderen Aufstellungsleitern angewendet werden kann.

Nutzen: Das Energiefeld reinigen, in der eigenen Mitte und Kraft sein. Tiefes Loslassen.

SDS: S. 226 ff.

Weitere Möglichkeiten der Loslösung von Fremdenergien

- Die Hände (Pulsadern) unter einen Wasserhahn mit kaltem Wasser halten, ggf. sich kaltes Wasser ins Gesicht sprenkeln.
- Sich von oben bis unten abklopfen bzw. abklopfen lassen.
- Sich einmal kräftig durchschütteln.
- Einen Baum umarmen.
- Etwas Aura-Soma in die Aura fächeln (z. B. dunkelroter Pomander von Aura-Soma für Schutz und Erdung[19]).
- Rote Beete-Saft trinken (Tipp von KJB).
- Die Handgelenke unter kaltes, fließendes Wasser halten, danach das Gesicht mit kaltem Wasser abwaschen.
- Lavendelöl: Zwei Tropfen auf der Handinnenfläche verreiben, tief daran riechen und dann mit den Händen über den Schädel und den ganzen Körper streifen.
- Heilströmen. Sprechen oder denken Sie die entsprechenden Loslassformeln: „Ich bitte um Loslösung von Fremdenergien, allem, was mit der letzten Aufstellung zu tun hat und nicht das meine ist, Stress, Irritation, …“ bringen Sie alles in die Loslassformeln ein, was Ihnen an Stör- bzw. Fremdenergien bewusst wird, solange, bis Sie spüren, dass Ihr Bewusstsein wieder frei und klar ist.
- Powerwalking
- Imaginativ: Stellen Sie sich vor, Sie stehen zusammen mit Andreas Krüger und seinem Schwarm im Kreis und machen gerade die Entrollungsübung mit ihm gemeinsam. Vollziehen Sie dabei die Entrollungsübung wie oben beschrieben tatsächlich oder geistig und erleben Sie, wie kraftvoll diese auch in einem „fremden“ Umfeld ist.
- …

Meine eigenen Erfahrungen: …

SDS: S. 227 ff.

19 u. a. erhältlich bei www.meditationandmore.de

Vorbereitung der Timeline-Arbeit

Öffnende Fragen

- Worum geht es?
- Was ist los bei dir?
- Was ist momentan in dir lebendig?
- Was bedrückt, besorgt, bekümmert dich?
- Wo ist deine Not?
- Was ist dein Wunder?

Sich mit der großen Seele verbinden, welche folgende Eigenschaften hat

- Keinerlei Werturteil über das, was Sie erleben.
- Jenseits aller Zeit sich befindend, deshalb nicht in der Zeit gefangen sein.
- Jenseits von allen Konzepten.
- Furchtlos, liebevoll, friedvoll, unschuldig.
- Inspirierend für den Aspekt der Seele, die sich im Körper / im Thema befindet und ggf. dort gebunden ist.

Hilfen für die Verbindung mit der großen Seele

- Heilströmen nach Gröning[20].
- Stellen Sie sich vor, Sie öffnen das Scheitelzentrum und steigen mit dem Atem nach oben auf, tauchen nach oben durch die Ebene der Konzepte (Kausalebene) hindurch bis Sie die „große Seele" erreichen.
- Sie verbinden sich mit dem, „was immer war und immer sein wird".

SDS: S. 268 ff.

---

20 s. Krüger, Andreas, CD Alexanderkreis, Heilströmen, Verlag Homöopathie und Symbol, Berlin,

Timeline – Ziele manifestieren

Nach Tad James[21]

1. Bitten Sie um die Zustimmung aller unbewussten Teile in Ihnen dafür, das Ziel zu erreichen und fühlen Sie diese Zustimmung.
2. Malen Sie sich aus, wie es am Ende des Prozesses aussieht, wenn Sie Ihr Wunder / Ziel erreicht haben.
3. Stellen Sie sich selbst (Ihren Körper) gedanklich in Ihr Finalbild.
4. Nehmen Sie das Bild von sich, lassen Sie sich nach oben steigen, hoch über die Zeitlinie. Gleiten Sie auf dem Bild in die Zukunft und lassen Sie es dort fallen, wo es in der Zukunft hingehört - zwischen die anderen Bilder, die dort liegen. (Manche Anwender imaginieren hierbei, dass sie auf dem Rücken eines Vogels, der das Finalbild in seinem Schnabel trägt, zu dem Ziel-Zeitpunkt fliegen und dann der Vogel dort das Bild hineinfallen lässt.)
5. Nehmen Sie wahr, welche Ereignisse notwendig sind zwischen der Zukunft und jetzt, damit das Ereignis unweigerlich eintreten wird, wie sich die Ereignisse aufeinander einstimmen, so dass das Ziel sich erreichen wird.
6. Erleben Sie, wie die Ereignisse auf der Zeitlinie sich entsprechend umorganisieren.

Erfahrungen: Viele Teilnehmer erleben eine positiver Neuausrichtung durch diese einfache Übung.

Lernerfolg: Sich über sich selbst erheben, eine veränderte Zukunft manifestieren.

Nutzen: Einen Magnetismus schaffen für erwünschte, zu einem passende Umstände.

SDS: S. 238 ff.

Meine Erfahrungen mit dieser Übung: …

21 Quelle: Tad James, Time Coaching: Programmieren Sie Ihre Zukunft ... jetzt!, Junfermann Verlag, 2005

Timeline - einschneidende Entscheidungen bereinigen

Nach Chris Mulzer

1. Verbinden Sie sich mit Ihren geistigen Helfern.
2. Bitten Sie Ihre Hilfsgeister, Sie zu dem Zeitpunkt zurückzubringen, zu dem Sie eine einschneidende Entscheidung getroffen hast, die Sie heute belastet bzw. einem für Sie wichtigen Ziel im Wege steht, darum, dass Ihnen die Situation gezeigt wird, in der Sie eine Entscheidung getroffen haben, die für eine Blockade in der Gegenwart ursächlich ist.
3. Sehen Sie den Zeitpunkt von oben. Lassen Sie sich an diesem Punkt in den Körper zum damaligen Zeitpunkt hineingleiten und nehmen Sie Ihre Gefühle war. Steigen Sie aus der Erinnerung wieder heraus.
4. Bringen Sie alle positiven Dinge, die Sie aus der Erfahrung gelernt haben, könnten an einen besonderen, dafür vorgesehen Ort .
5. Ist der Teil, der glaubt, dass es wichtig ist aus dem belastenden Ereignis zu lernen, jetzt, wo alle positiven Dinge an dem sicheren Ort sind bereit, die negativen Gefühle von damals loszulassen? (Falls nein, fragen Sie ihn, was er braucht, damit er loslassen kann.)
6. Gleiten Sie in der Zeit zurück bis ca. fünfzehn Minuten vor dem Ereignis, das zu der blockierenden Entscheidung führte. Drehen Sie sich um in Richtung Gegenwart und schauen Sie auf das Ereignis:
   Wo sind jetzt die belastenden Gefühle (in der Regel sind sie verschwunden)?
   Wo ist jetzt die blockierende Entscheidung (in der Regel ist sie auch verschwunden)?
   Einschränkende Gefühle und Entscheidungen können den Test der Prüfung durch Zeit nicht bestehen.
   Falls es Schwierigkeiten gibt, lenken Sie einen Heilstrahl in der dafür optimalen Farbe (z. B. den silbernen Strahl der Vergebung oder den violetten Strahl der Transformation) zu der Erfahrung hin.
7. Installieren Sie stattdessen eine andere Entscheidung, z. B.: „Ich habe die Wahl und es ist o.k. für mich, mein Wunder zu erreichen. Es ist in Ordnung, dass ich bekomme, was ich will, wenn ich mich dafür entscheide, es zu haben.“
8. Erleben Sie, wie sich Ihre Zeitlinie neu anordnet.

9. Alternativ: Schweben Sie über das ursächliche Ereignis, tauchen Sie dort hinein und erleben Sie sich dort noch einmal handelnd (assoziiert), allerdings treffen Sie mit Hilfe Ihrer geistigen Helfer eine neue, für Sie positive Entscheidung.[22]

SDS S. 245 ff.

---

22 s. dazu auch Mulzer, Chris, EXPLORE YOUR PAST - Informationen aus der Vergangenheit. von Chris Mulzer von kikidan media (www.kikidan.com, Audio CD - 1. August 2006).

Timeline - Schuldgefühle bereinigen

Schuldgefühle betreffen immer ein Ereignis aus der Vergangenheit, das dafür ursächlich war.

1. Verbinden Sie sich mit Ihren Hilfsgeistern, Krafttieren, Geistführern, spirituellen Meistern.
2. Bitten Sie diese, Sie zu dem Ereignis zu führen, welches das Schuldgefühl ausgelöst hat bzw. die Ursache für das Schuldgefühl ist.
3. Gehen Sie zu dem Zeitpunkt fünfzehn Minuten vor dem Anlass, der Schuldgefühle in Ihnen ausgelöst hat.
4. Speichern Sie die positiven Lerneffekte, die dadurch entstanden, dass Sie das Ereignis erlebt hatten an deinem besonderen Ort auf eine Weise, dass diese Sie unterstützen in Zukunft, Ihr Wunder / Ziel zu erreichen. Erleben Sie, wie der Teil, der will dass Sie daraus etwas lernen einverstanden ist mit der Beseitigung.
5. Gehen Sie in den Zeitpunkt 15 Minuten vor dem Ereignis. Schauen Sie von oben (oberhalb der Zeitlinie) auf das Ereignis für das Sie sich schuldig gefühlt hatten – wo ist die Schuld? In der Regel ist sie weg, die Zeitlinie dort „flach“ d. h. emotional ausgeglichen. Falls nicht, arbeiten Sie nach, z. B. mit dem silbernen Strahl der Vergebung oder dem violetten Strahl der Transformation.
6. Gehen Sie in das Ereignis und erleben Sie, dass keine Schuld mehr da ist.

Erfahrungen: Indem die mit Schuld behaftete Erfahrung geehrt und gewürdigt und zugleich der daraus entstandene Lerneffekt gespeichert wird, ist der Boden bereitet, um die Quelle der Schuldgefühle (egal ob sie in diesem oder einem früheren Leben liegt) loszulassen.

Lernerfolg: Schuldgefühle haben eine Ursache, die gelöst werden kann.

Nutzen: Die Vergangenheit bereinigen, die Last der Schuld reduzieren.

SDS: S. 246 ff.

Timeline - der Einbau von Ressourcen in die Zeitlinie

Möglichkeiten:

- *Vergangenheits-Timeline*: Reisen Sie zurück zu einer Situation in der Vergangenheit, die ursächlich für ein heutiges Problem oder eine heutige Herausforderung darstellt. Fragen Sie sich, welche Fähigkeiten oder Eigenschaften Sie damals gebraucht hätten, um die damalige negative Ursache positiv zu nutzen und siegreich aus ihr hervor zu gehen? Statten Sie sich mit der entsprechenden Ressource (Vorbild, Eigenschaft, Homöopathisches Mittel) aus. Dann tauchen Sie, ausgestattet mit diesen Ressourcen noch einmal in den damaligen Zeitpunkt ein und erleben Sie, wie mit dieser Ressource im Rücken oder in sich, die Situation sich nun positiv verändert. Sehen Sie anschließend, wie dieses nun positiv transformierte Erlebnis sich auf die gesamte Timeline, alle vergangenen, gegenwärtigen und zukünftigen Momente positiv auswirkt.
- *Zukunfts-Timeline*: Während Sie sich Ihr Finalbild bewusst machen, fragen Sie sich, welche Ressourcen Sie brauchen, damit Sie sich Ihrem Finalbild annähern, ja letztendlich zu ihm werden können. Statten Sie sich mit der entsprechenden Ressource aus und nähern Sie sich Ihrem Finalbild.
- *Der Ressourcen-Gang*: Notieren Sie die notwendigen Ressourcen, die Sie auf Ihrer Vergangenheits- bzw. Zukunfts-Timeline als hilfreich entdeckt haben auf verschiedene Blätter. Legen Sie diese in Ihrem Zimmer aus (ggf. die Blätter vorher plastifizieren oder in Plastikfolien einlegen). Wann immer Sie gerade einmal Zeit und Muse dafür haben, stellen Sie sich eines dieser Blätter, z. B. Liebe, Mitgefühl o.ä. und spüren Sie, wie diese Ressource über die Füße in Ihnen aufsteigt.

Erfahrungen: Für viele Teilnehmer ist es eine neue, erhebende Erfahrung, dass Sie beliebig Ressourcen in ihr Sosein einbauen können.

Lernerfolg: Vergangenheit, Zukunft und Gegenwart optimieren durch Wahl der bestmöglichen Ressource.

Nutzen: Lineare Begrenzungen überschreiten, über sich selbst hinauswachsen.

SDS: S. 249 ff.

Timeline-Trance: Löschung von Vergangenheitsbelastung

nach Andreas Krüger[23]

1. Das Problem / Thema / Anliegen des Klienten erkunden.
2. Den Zeitpunkt herausfinden, der ursächlich für das Anliegen des Klienten ist.
3. Den Klienten über der Timeline nach links schweben lassen, bis er an das Ursprungserlebnis kommt.
4. Den Klienten dort sich mit dem Erlebnis assoziieren und die Gefühle und Emotionen erleben lassen, die mit dem Thema zusammenhängen.
5. Ein Schutzengel kommt von hinten und zieht ihn nach links hinten weg von dem Erlebnis, bis der emotionale Kontakt abreißt, der Klient schaut aber weiter auf das Bild.
6. Das Scheitelzentrum des Klienten öffnet sich, goldenes, göttliches Licht füllt ihn aus und bereinigt alles, was noch an Restbelastungen aus der Erfahrung heraus in seinem Körper-Energiesystem ist.
7. Der Engel bringt den Klienten zurück auf den Stuhl bzw. die Liege in der Praxis ins Hier und Jetzt.
8.

Erfahrungen: Viele Teilnehmer erleben, wie sich die Energien in ihrem System auf eine befreiende Weise umformen. Wichtig ist es, dass der Klient, während er wegschwebt, weiterhin auf das Erlebnis schaut.

Lernerfolg: Ich muss die Vergangenheitsdramen nicht wiederholen, noch sie verdrängen. Ich kann mich von dem emotionalen Kontakt und damit vom Wiederholungszwang bewusst lösen.

Nutzen: Die emotionale Verstrickung mit einer Vergangenheitsbelastung löschen. Geladene Bilder aus der Vergangenheit löschen und so die eigene Freiheit wieder gewinnen.

SDS: S. 254 ff.

23 Quelle. Krüger, Andreas, Alexanderkreis VIII, Timeline, Verlag Homöopathie und Symbol, Berlin

Timeline –Trance: Implantation einer positiven Zukunft

nach Andreas Krüger[24]

1. Das Ziel / Wunder / Anliegen des Klienten erkunden und so formulieren, dass es bildhaft vorstellbar ist.
2. Den Klienten über der Timeline nach rechts in die Zukunft schweben lassen, bis er rechts vom Ziel freudig auf die Zielerreichung zurückblickt. Dadurch wird der Zielerreichungsstress vermieden.
3. Der Klient identifiziert sich mit allen Sinnen und Emotionen mit der Erfüllung (den Klienten genießen lassen).
4. Der Klient verbeugt sich vor dem Bild und sagt zu ihm: „Du bist meine Zukunft. Ab heute existierst du als Realität in meiner eigenen Zukunft. Ich bin ab heute jeden Tag einige Schritte zu dir hin unterwegs."
5. Der Klient stellt sich seine Eltern hinter dem Bild der Erfüllung vor, wie sie liebevoll, segnend, anerkennend auf dieses Bild schauen.
6. Der Klient kommt wieder zurück ins Hier und Jetzt.
7. Ggf. Anfertigung einer Visionstafel bzw. eines Briefes aus der Zukunft an den Therapeuten. Zu der Vorstellung von den guten Dingen, die in der Zukunft liegen, z. B. zu der Visionstafel täglich hingehen und sagen: „Ich freue mich, dass es bald so ist, zu dir bin ich unterwegs!"

Erfahrungen: Viele Teilnehmer erfahren es als besonders hilfreich, dass in der Imagination die eigenen Eltern liebevoll auf das erreichte Ziel schauen.

Lernerfolg: Die Verhaftung mit unbrauchbaren Routinen lösen.

Nutzen: Einen positiven Sog aus der Zukunft schaffen.

SDS: S. 258

---

24 Quelle. Krüger, Andreas, Alexanderkreis VIII, Timeline, Verlag Homöopathie und Symbol, Berlin

Geführte Timeline-Trance (Vergangenheit plus Zukunft)

Nach Andreas Krüger[25]

1. Welches Thema gibt es in Ihrem Leben, welche Emotionen, Muster, Erfahrungen, die immer wieder vorkommen und Sie belasten? Wann haben Sie Ähnliches schon einmal erlebt?
2. Erinnern Sie sich in der Zeit zurück, bis Sie auf ein Urgeschehen stoßen.
3. Wenn Sie eine solche Erfahrung in Ihrer Vergangenheit gefunden haben, notieren Sie diese.
4. Stellen Sie sich eine weiße Linie vor, die nach links in die Unendlichkeit der Vergangenheit und nach rechts in die Unendlichkeit der Zukunft verläuft. Und Sie schweben jetzt neben dieser Linie in einer Höhe von etwa 15 cm nach links so lange, bis Sie zu dem Bild des Geschehens, der Situation kommen, die bis heute auf Ihr Leben wirkt, Ihr Leben bestimmt und beeinflusst.
5. Gehen Sie mit Ihrem ganzen Gefühl, mit Ihrer ganzen Emotionen in diese Situation hinein und setzen sich den Gefühlen der damaligen Situation aus.
6. Stellen Sie sich vor, von hinten kommt ein mächtiger Schutzengel und umarmt Sie. Und Sie schweben mit ihm nach links oben weg und achten genau darauf bis Sie an dem Punkt kommen, wo der emotionale Kontakt zu dem Vergangenheitserlebnis abbricht. Und an diesem Punkt bleiben Sie stehen.
7. Stellen Sie sich vor, Ihr Scheitelchakra öffnet sich und durch das Scheitelchakra strömt goldenes göttliches Licht in Sie hinein und füllt Sie völlig aus. Das goldene göttliche Licht spült jetzt noch einmal zusätzlich aus Ihnen heraus was von diesem traumatisierten Erlebnis in irgendeiner Zelle Ihres Leibes noch vorhanden ist, bis Sie von diesem goldenen göttlichen Licht völlig freigespült sind.
8. Sobald Sie spüren, dass Sie völlig freigespült sind, dass sämtlicher emotionaler Kontakt zu diesem Trauma durch Sie aufgegeben wurde, lassen Sie sich vom Engel wieder auf Ihren Stuhl ins Hier und Jetzt zurückbringen.
9. Bitten Sie Ihre Intuition Ihnen zu zeigen, was Sie in Ihrer Zukunft an Gutem, Erfolgreichem, für Sie Wichtigem implantieren wollen.
10. Sobald Sie wissen, was Sie implantieren wollen, reisen Sie nach rechts, solange in die Zukunft, bis Sie das Bild dessen, was es zu implantieren gilt vor Ihnen sehen. Schauen und fühlen Sie jetzt in Ihre Implantation in die Zukunft hinein. Sehen Sie diese Zukunft, die Sie gerade formen wirklich vor sich. Fühlen Sie sie. Und dann nehmen Sie eine überdimensional große Plastiktüte (alternativ: ein Hologramm), stülpen sie über dieses Bild und binden sie unten an die Zeitlinie fest,

25 Quelle. Krüger, Andreas, Alexanderkreis VIII, Timeline, Verlag Homöopathie und Symbol, Berlin

so dass dieses Bild für alle Zeiten, es sei denn Sie wollen es eines Tages nicht mehr, da angebunden bleibt.

11. Wenn Sie diese Implantation deutlich vor sich sehen, sprechen Sie in diese Richtung: „Ab heute bist du ein Teil meiner Realität. Ab heute habe ich dich auf meiner Zeitlinie implantiert. Und ab heute werde ich mich jeden Tag einige Schritte auf dich zu bewegen.“
12. Stellen Sie sich vor, dass hinter diesem Bild die eigenen Eltern stehen und mit wohlwollendem Blick auf dieses Positive schauen, das Sie gerade in die Zukunft hineinimplantiert haben.
13. Verneigen Sie sich noch einmal tief und schweben dann langsam wieder ins Hier und Jetzt zurück und öffnet die Augen und sind wieder ganz im Hier und Jetzt.

Erfahrungen: Für viele Teilnehmer ist die Frage „woran erinnert dich das“ von entscheidender Bedeutung, weil sie dadurch sich lösen können von der Fixierung an eine ungute gegenwärtige Situation.

Lernerfolg: Die Ursache eines Problems in der Vergangenheit finden, verändern und sich auf eine positive Zukunft ausrichten.

Nutzen: Sich selbst als Ursache seines Erlebens erleben.

SDS: S. 258 ff.

Heb an mein Schwarm, flieg hoch.
Erinnere Deine Schönheit.
Durchlache die Dämonen deiner Dunkelheit.
Schieß ab – die Pfeile deiner Wunder.
Sing hin, der Welt, dein Heil und Heiterkeit.
(Andreas Krüger)

Die Zielannäherungs-Aufstellung

Checkliste

1. Der Klient definiert das Ziel / Wunder und wählt dafür einen Stellvertreter.
2. Er zieht (gedanklich) eine Linie zwischen sich und dem Punkt, wo der Stellvertreter für das Ziel / Wunder steht.
3. Der Klient sagt zum Wunder: „Du bist mein Ziel. Zu dir bin ich unterwegs. Und ich werde jetzt all das einsammeln, was ich brauche, um zu dir zu kommen."
4. Der Klient beginnt von der „Start-Position" aus langsam auf das Ziel / Wunder hinzutrippeln und fühlt dabei in sich hinein. Dort wo er stockt, spürt er hin, wer oder was ihm fehlt Manchmal braucht es bereits am Start eine Qualität, damit es losgehen kann.
5. Der Klient holt die Person, die das erste Potenzial repräsentiert zu sich, dreht sich zu ihr hin, spürt ihre Energie. Er fragt, angeleitet vom Aufstellungsleiter das Potenzial: „Wer bist du?" Das Potenzial antwortet, z. B.: „Ich bin dein Urvertrauen". Der Klient entgegnet: „Willkommen mein ... (z. B. Urvertrauen)!" Dabei vollzieht er die Aufnahme geistig, umarmt die Ressource und diese geht hinter ihm. Mit der spürbaren Kraft des ersten Potenzials im Rücken geht er weiter.
6. Der Klient sammelt wie bei Nr. 5 alle weiteren Potenziale ein, spürt sie deutlich hinter sich. Der Aufstellungsleiter wiederholt nach jeder neuen Ressource alle anderen Ressourcen, z. B. „Mit Urvertrauen, Liebe und Mut zum Ziel!" Er notiert die Ressourcen für die evtl. spätere Nacharbeit.
7. Der Klient umarmt das Ziel / Wunder, wiederholt und fühlt dabei, angeleitet vom Aufstellungsleiter: „Ich nehme dich ganz und gar – nur noch mit dir durchs Leben! Ich bin eins mit dir jetzt!" Beim Hinspüren rasselt und ggf. singt der Aufstellungsleiter.
8. Alternativen:
9. Der Klient wird durch einen Stellvertreter ersetzt. Später wird das angenommene Ziel / Wunder mittels Augenübertragung auf den Klienten vermittelt.
10. Der Klient selbst wird in die Position des Zieles / Wunders gestellt, für ihn selbst wird ein Stellvertreter gewählt. Besonders kraftvoll, da der Klient sich bereits von Anfang an als Ziel / Wunder fühlen darf.
11. Im Rahmen eines Einzelcoachings ist es auch möglich, die einzelnen Potenziale / Mittel auf Zettel zu schreiben und mit Bodenankern zu arbeiten.
12. Am Ende einer Ikonenaufstellung: Rechts und links von der Linie zum Ziel stehen die Stellvertreter für homöopathische Mittel im Spalier, welche der Aufstel-

lungsleiter ausgewählt hat. In dem Fall offenbaren diese sich erst, nachdem das Wunder angenommen wurde. Der Aufstellungsleiter benennt, channelt oder testet dann die einzunehmende Potenzierung, Häufigkeit und Dauer[26]. Nun hat der Klient die Möglichkeit, diese Mittel bei seiner Apotheke zu bestellen und nach Absprache mit seinem Homöopathen zu sich zu nehmen.

SDS: S. 272 ff.

26 Sollte der Klient sich bereits in homöopathischer Behandlung befinden, stimmt er die Einnahme mit seinem behandelnden Homöopathen ab.

Reimprinting der Zeitlinie der Eltern

nach Connirae und Tamara Andreas[27].

1. Stellen Sie sich eine Timeline auf dem Boden vor, die etwa in der Mitte des Raumes beginnt und an der Wand endet.
2. Treten Sie auf den Punkt vor Ihrer Empfängnis in der Mitte des Raumes.
3. Stellen Sie sich zwei Zeitlinien vor, die an dem Punkt in der Mitte des Raumes zusammen kommen, die Ihrer Mutter und die Ihres Vaters, so dass sich ein Ypsilon bildet.
4. Schauen Sie auf die Zeitlinie Ihrer Mutter / Ihres Vaters bis zum Zeitpunkt vor ihrer / seiner Empfängnis. Sehen Sie Ihre Großeltern zum Zeitpunkt der jeweiligen Empfängnis: Wie alt sind diese zu dem Zeitpunkt ungefähr?
5. Spüren bzw. erinnern Sie nun Ihr Wunder bzw. Ihren Kern-Zustand[28] (Ruhen im Sein, innerer Frieden, Liebe, Okaysein, Einssein) bzw. nehmen Sie mit ihm Kontakt auf, auf die Weise, die Ihnen vertraut ist. Lassen Sie diese Kernzustände in Ihre Großeltern fließen, bis Sie spüren und sehen, dass Ihre nachgenährten Großeltern nun völlig von dem Kernzustand erfüllt sind.
6. Stellen Sie sich nun vor, dass Ihre Mutter bei deren Geburt vollkommen von diesem Milieu empfangen wird und die Kernzustände der Großeltern vollkommen in sich aufnehmen kann. Erleben Sie, wie sich dadurch die Zeitlinie Ihrer Mutter weiter entwickelt (hätte), wenn sie nun vollkommen genährt ist. Lassen Sie die Zeitlinien der Mutter sich bis zu Ihrer eigenen Empfängnis vollkommen entwickeln.
7. Tun Sie das Gleiche mit der Zeitlinie Ihres Vaters.
8. Treten Sie nun bewusst in den Zeitpunkt der Empfängnis ein und fühlen Sie, dass Sie vollkommen von dem Wunder bzw. Kernzustand umgeben sind. Jede Zelle Ihres Körpers ist von dem Kernzustand durchdrungen. Wenn Sie dies vollkommen fühlen können, treten Sie einen Schritt nach vorne in den Zeitpunkt Ihrer Geburt. Während Sie langsam, Schritt für Schritt auf Ihrer Zeitlinie voranschreiten, erleben Sie, wie es ist, zu jedem Zeitpunkt der Vergangenheit vom Kernzustand umgeben zu sein. Wenn Sie die Gegenwart erreichen, spüren Sie, *dass* Ihr Kernzustand auch in die Zukunft hineinreicht.
9. Bewegen Sie sich jetzt, getragen von den Kernzuständen, noch weiter in die Zukunft hinein.

---

27 s. dazu: Andreas, Connirae und Tamara, Der Weg zur inneren Quelle, S. 224 ff.

28 Weitere Informationen über den Kern-Zustand in: Becker, Klaus Jürgen, Der innere Diamant, S. 157 ff., RiWei Verlag, Regensburg, 2009

10. Ggf. zusätzlich: Gehen Sie noch einmal Ihre Zeitlinie entlang, erinnern Sie sich dabei daran, wie es ist, im Kernzustand Empfängnis, Geburt, Kindheit usw. zu durchleben, wobei diesmal die Eltern in Ihrer Imagination so sein dürfen, wie sie in Ihrer „realen" Erinnerung sind.

SDS S. 279 ff.

Trauma-Bewältigung im Alltag

Selbsthilfe-Übungen nach Peter Levine[29]

1. Sicherer Boden: Fühlen Sie den Boden, auf dem Sie sitzen, und finden Sie Unterstützung im Boden, der Sie trägt. Spüren Sie in Ihrem Körper eine Stelle auf, die sich schwach / irritiert anfühlt, dann spüren Sie wieder die Unterstützung durch den Boden. Gehen Sie wechselweise mehr in den schwachen Zustand und dann langsam aus ihm wieder heraus. Vibrieren Sie den Klang „wu" (sprich: wwwwuuuuuuuuuu) in die bisher schwache Stelle hinein. Kommen Sie wieder zurück ins Hier und Jetzt und beobachten die Veränderungen.
2. Sichere Körperstelle: Klopfen oder quetschen Sie auf eine Körperstelle Ihrer Wahl und sagen Sie: „Diese Körperstelle ist ein Teil von meinem Körper und gehört zu meinem Körper / mir". Schauen Sie dabei diese Körperstelle an.
3. Sicherer Ort: Betrachten Sie etwas, das Ihnen ein Wohlgefühl gibt (eine Blume, einen Kristall, einen Stein, Bild eines geliebten Menschen / spirituellen Lehrers, eine Erinnerung, einen guten inneren Ort, ein Foto ...). Wo in Ihrem Körper fühlen Sie das Wohlgefühl / die Sicherheit, die Ihnen der Gegenstand vermittelt? Pendeln Sie mit Ihrer Aufmerksamkeit zwischen dem Gegenstand und Ihrer Empfindung hin und her. Wo und wie beginnt das Wohlgefühl im Körper? Wie hat sich ein evtl. Angstgefühl verändert?
4. Pendulation: Fühlen Sie in eine (belastete) Körperregion hinein und wandern in ihr umher wie in einem Garten. Wenn Sie eine Anspannung spüren, erleben Sie als reiner Zeuge, was die Spannung (von sich aus) machen will, lassen dieses geschehen. Fragen Sie sich dabei stets „was geschieht als nächstes?" und fühlen Sie genau hin. In der Regel stellt sich von selbst eine Pendelbewegung ein, so wie der Atemzug von selbst sich seine Luft holt. Spüren Sie, wie Sie aus der Körperblockierung / Festgefahrenheit automatisch herauskommen und überlassen Sie sich der Pendelbewegung ohne einzugreifen.
5. Abzittern: Z. B. durch Tanzen, Grimassen schneiden, heftiges Atmen, Trommeln o. ä. begleitet werden – fragen Sie Ihren Körper was er hierfür braucht.

Lernerfolg: Mit den eigenen Trauma-Reaktionen im Alltag souverän umgehen lernen.

Nutzen: Wann immer im Alltag eine Trauma-Reaktion einschnappt, fühlen Sie bewusst in Ihren Körper hinein und erlauben Sie, dass die Pendelbewegung (wie bei Nr. 4 ge-

---

29 Quelle: Levine, Peter, Vom Trauma befreien: Wie Sie seelische und körperliche Blockaden lösen, Kösel Verlag, 2. Auflage 2007

übt) einsetzt. So kommen Sie dank Ihrer Bewusstheit und Ihres Vertrauens in die Pendulation aus jeder Trauma-Situation hinaus.

SDS: S. 332 ff.

TOA-Aufstellung mit Medizinbären (Teddybären)

Checkliste:

1. Der Therapeut lässt sich vom Klienten erklären, was ihn belastet.

2. Um dem Klienten die Wirkung der TOA klarzumachen, erzählt der Therapeut eine entsprechende Geschichte, z. B. die von Andreas Krüger mit der Autobahn-Ausfahrt.

3. Den Klienten fragen, ob es einen Zeitpunkt gab, wann und wo die Belastung erstmals entstanden ist, sich diese schildern lassen.

4. Der Therapeut testet bzw. findet heraus: Wie viele Seelen sind zurückzuholen?

5. Ggf. Ursprungssituationen ermitteln z. B. durch Psychomeridian, Testen, Intuition, Channeln: „Wann ist es passiert?" Bzw.: „Wenn Sie es wüssten, wann wäre es gewesen …"

6. Zwei Stühle nebeneinander in den Raum stellen.

7. Den Klienten nach einem guten / sicheren Ort im „Hier und Jetzt" oder der Phantasie fragen.

8. Das Bild und die Energie, den Geschmack, den Geruch des guten Platzes sendet der Patient gedanklich auf den ersten Sitzplatz, während er seine Hand auf die Sitzfläche legt. Er berührt den Stuhl, der den „guten Ort" repräsentiert und spricht laut aus, z. B.:

   „Du bist der gute Ort, wo ich sein darf, wie ich bin, ..." o.ä.

6. So wird der gute Platz imprägniert.
7. Nach dem „schlechtem Ort" fragen: Dafür die Situation der Belastung sich noch einmal beschreiben lassen, wo diese stattfand, wie die Umstände waren usw.
8. Der Klient berührt den Stuhl, welcher den „schlechten Ort" repräsentiert und spricht laut aus, z. B.:

   „Du bist der schlechte Ort, damals, als es mir so schlecht ging, …"

und sendet gedanklich die Energien von dem schlechten Ort auf den zweiten Stuhl. So wird der „schlechte Platz" imprägniert. Handelt es sich um mehrere schlechte Orte, kann der Stuhl mehrmals imprägniert werden, man nimmt mehrere Stühle oder den prägnantesten Ort.

9. Der Klient wählt einen oder mehrere der vorhandenen Teddys aus, welche stellvertretend die kleinen Seelen / die abgespaltenen Seelenanteile symbolisieren, die damals hängen geblieben ist / sind. (Andreas Krüger nennt seine beiden Teddys: „Bigfoot“ und „Yeti“). Der Therapeut setzt die Teddys auf den schlechten Ort.

9. Der Klient imprägniert den ersten Teddy, indem er ihm sagt, z. B.:

   „Du bist meine kleine Seele, dich hole ich heute zurück; dich habe ich damals verloren …“

   So werden auch die weiteren Teddys imprägniert und auf den Stuhl gesetzt.

10. Der Klient wird aufgefordert, drei wichtige Haltungen einzunehmen:

    - Er spürt die Sehnsucht nach dem ehemals verlorengegangenen Seelenanteil in sich selbst. Die Sehnsucht kommt daher, dass er spürt, dass ihm Potenziale fehlen.

    - Ehrung / Dankbarkeit gegenüber den abgespaltenen / traumatisierten Teilen, denn diese haben sich geopfert, so dass er selbst (der Rest der Seele) überleben und weiterhin funktionieren konnte.

    - Seelenverbundenheit, d. h., die Gefühle des abgespaltenen Teiles herzverbunden fühlen, aber nicht ins Drama zu fallen, sondern klar und bewusst bleiben.

11. Es ist an dieser Stelle wichtig, dem Klienten die Zeit zu lassen, dass seine Emotionen spürbar werden dürfen.

12. Ansprache an Seelenanteile: Der Therapeut spricht durch den Klienten, der Klient vollzieht die Worte innerlich mit:

    „Meine lieben abgespaltenen Seelenanteile. Ihr habt euch geopfert, damit ich weiterleben konnte. Ich ehre euer Opfer. Ich danke euch dafür, dass ihr bereit wart, den Schmerz zu halten. Ich habe Sehnsucht nach euch, bitte kommt zurück zu mir“.

13. Der Klient schaut den ersten Teddy auf dem schlechten Ort an und fühlt dabei bewusst, wie es der kleinen Seele / dem Seelenanteil auf dem schlechten Ort geht. Es geht an dieser Stelle nicht darum, in die Katharsis zu gehen, aber es ist wichtig, dass der Klient nicht dissoziiert, sondern eine emotionale Verbindung / Berührtheit mit den verlorenen Seelenanteilen aufbaut. Genauso verfährt er mit den anderen Teddys. Alternativ:

- Er setzt sich auf den Stuhl mit dem schlechten Platz, nimmt alle Teddys in den Arm und fühlt, wie es denen geht und steht dann wieder auf.

- Der Klient spricht die negativen Glaubenssätze, welche die kleine Seele damals gebildet hatte, und die ihm jetzt bewusst werden, aus. Der Therapeut notiert sie auf einem Zettel (z. B. „niemand liebt mich" o.ä.).

14. Der Therapeut spricht, während der Klient auf die Teddys schaut und gedanklich die Worte mit vollzieht:

    „Hallo kleine / meine guten Seelen, ich sehe und ehre euer Elend und euren Schmerz, den ihr bis heute für mich getragen habt. Mein Verlust schmerzt mich bis heute. Der Preis für euer gehen war hoch. Ich bin der / die große ... (Vorname des Klienten). Die lange Zeit des Exils soll jetzt ein Ende haben. Ich bin heute gekommen, um euch zurückzuholen, zurück in meine heile Seele. Heute werde ich wieder komplett sein, eine Seele, frei, hier und jetzt. Meine guten Seelen, ich hole euch heute zurück ins Hier und Jetzt. Die Zeit des Exils ist vorbei. Heute ist der erste Tag der Heilung. Es war schrecklich, aber jetzt ist es vorbei. Den Schmerz (Symptom, Trauma, Schlaganfall o. ä.) lassen wir im Damals und die Kraft und die Fülle holen wir zurück."

    Der Klient wiederholt jeden einzelnen Satz entweder laut, mit tonloser Stimme, in Gedanken oder stellt sich einfach vor, *dass* der Therapeut *durch* ihn spricht.

15. Der Therapeut, mit Blick auf die Teddybären auf dem Stuhl, die den abgespaltenen Seelenanteilen entsprechen, sagt: „Schau noch einmal, hier liegen sie, und du entscheidest, in welcher Reihenfolge du sie holst." Therapeut rasselt und singt schamanisch. Der Klient schaut den ersten Teddy an, empfindet, wie er selbst sich damals gefühlt hat, nimmt ganz bewusst und langsam diesen Teddy hoch. Der Klient dreht sich um, wendet sich dem neuen Platz zu, weiter dem Teddy zärtlich den Rücken tätschelnd und bringt ihn zu dem guten Platz. Er schaut auf den Teddy, der jetzt auf dem guten Platz sitzt, zeigt auf den leeren Platz und sagt, angeleitet durch den Therapeuten:

    „Jetzt bist du heimgeholt, ab jetzt nur noch mit mir und das Alte, das damit zusammenhing, lassen wir jetzt dort, insbesondere ... (z. B. die ganzen Ängste) lassen wir jetzt da zurück. Du bist sicher, das Grab ist leer, du bist auferstanden ins Hier und Jetzt." Alternativ: „Hier sind wir zuhause, das Alte stimmt nicht mehr, das Alte haben wir gelassen, wo es hingehört, du bist jetzt sicher, sicher bei mir."

    Der Therapeut singt ein schamanisches Lied, trommelt, während der Klient die

Veränderung fühlt. Der Klient verfährt so mit einem Teddy nach dem anderen. Alternativ: Der Klient nimmt alle Teddys auf einmal und bringt sie zu dem guten Ort.
Alternativ: Der Klient setzt sich mit den Teddys auf den guten Ort, (statt sie dort abzulegen).

16. Der Therapeut sagt:

„Spüre zur kleinen Seele hinein, wie es ihr jetzt geht!"

Der Klient tätschelt weiter den Teddys den Rücken und spricht die neuen, positiven Glaubenssätze jetzt aus, die er erlebt (z. B. „es geht mir gut", „ich bin in Frieden", o. ä.). Der Therapeut notiert diese auf einem Zettel.

Der Therapeut bittet den Patienten, sich vorzustellen und zu spüren, dass die Seelenanteile in seinen Herzraum fliegen und sich mit seiner aktuellen Seele verbinden, sich mit ihr vereinigen mit all ihrer Kraft, all ihren Ressourcen, all ihren Kompetenzen. Der Klient spürt, wie die „kleine Seele" in den Brustraum des Klienten hineinfließt und sich darin komplett auflöst, wie sie als „verlorengegangener Seelenrest" aufhört zu existieren und heimkehrt in die große Seele.

17. Der Therapeut sagt:

„Hey, hey die Seele ist wieder heimgekehrt; der Platz ist leer. Du bist wieder auferstanden und heimgeholt. Das Alte wirkt nicht mehr, hat keine Kraft mehr, das Alte bleibt im damals, ich bin wieder ganz komplett. Die Seelen sind zurückgeholt worden. Eine Seele, voll und ganz. TOA zu 100% erfolgreich!"

Ggf. trommelt und rasselt der Therapeut dabei.

18. Der Therapeut versieht den Zettel mit den Glaubenssätzen des alten Ortes (sog. „Löschzettel") mit einem getesteten Umkehrzeichen (z. B. Sinus"). Er versieht den Zettel mit den guten Glaubenssätzen des neuen Ortes mit dem Verstärkungszeichen („Ypsilon") und testet, wie lange und wie oft die Umkehrinformation durch Wasserübertragung (an anderer Stelle in diesem Buch erklärt) einzunehmen ist und wie lange anschließend die Bekräftigungsinformation auf Wasser zu trinken ist. Zugleich bietet sich für den Klienten die Möglichkeit, in Erinnerung an die Seelenrückholung den Satz „eine Seele frei, hier und jetzt" als Satz mit Ypsilon versehen zu trinken.

19. Ggf. testet der Therapeut, ob noch ergänzend ein homöopathisches Präparat einzunehmen ist und wenn ja welches und wie lange.

Alternativen:

- Teddyinterview: Alternativ kann man den Klienten bitten, sich mit den Teddys erst einmal auf den Stuhl für den schlimmen Ort zu setzen und die Teddys (Anteile) zu fragen, was diese mitzuteilen haben. Negative Glaubenssätze werden notiert und später mittels Wasserübertragung und Sinuszeichen umgeschrieben. Später geht der Klient zu dem Stuhl für den guten Ort, setzt sich und fragt, was die Seelenanteile (Teddys) nun am guten Ort sagen. Positive Glaubenssätze werden ausgesprochen, vom Therapeuten notiert und später mittels Wasserübertragung und Ypsilonzeichen verankert. Der Therapeut bittet den Klienten, auf dem guten Ort mit einem Seelenanteil (Teddy) nach dem anderen zu verschmelzen und den Teddy, jeweils nachdem er mit dem entsprechenden Seelenanteil verschmolzen ist, an den Therapeuten abzugeben.

- Statt Medizinbären können auch Steine, Seelenhölzer oder Zettel genommen werden.

Erfahrungen:

- Im Allgemeinen wirkt die TOA über lange Zeit nach, auch dann, wenn diese im Rahmen der Aufstellung nicht als besonders emotional erlebt wurde. Einige dissoziieren, andere neigen zum Dramatisieren, aber den meisten fällt es leicht, in herzoffener Empathie zu bleiben.

- Oftmals ist die TOA kraftvoller, wenn statt dem Klienten ein Stellvertreter als Fokusperson dient und die Seelenanteile zurückbekommt.

- Gibt es viele Neueinsteiger in der Gruppe, ist es sinnvoll, vor Beginn der eigentlichen TOA diese zu demonstrieren.

- Hilfreich ist es, wenn die Stellvertreter den Vorgang der Seelenrückholung während der Ausführung imaginativ unterstützen, d. h. sich vorstellen, wie der Seelenanteil zurückkehrt.

- Es ist sinnvoll, wenn der Klient die TOA innerlich fotografiert und nachträglich visualisiert. (Ggf. lässt der Therapeut das Aufstellungsergebnis auch äußerlich fotografieren.)

- Sollte ausnahmsweise ein Seelenanteil nicht zurückwollen bzw. der Klient / dessen Stellvertreter einen Seelenanteil nicht zurücknehmen können oder wollen, hilft es bei dem Unwilligen zu erfragen, was gebraucht wird, damit die TOA vollzogen werden kann.

Lernerfolg: Durch Exkorporation und Rückholung abgespaltene Seelenanteile integrieren.

Nutzen: Sich heil und ganz fühlen.

SDS: S. 368 ff.

TOA-Aufstellung mit Stellvertretern und Krafttieren

1. Der Therapeut lässt sich vom Klienten erklären, was ihn belastet. Der Therapeut hört sich dieses mitfühlend an. Er enthält sich einer Wertung und lässt Mitgefühl fließen. Es wird geklärt, dass das anzuwendende Format eine TOA ist.
2. Um dem Klienten die Wirkung der TOA klarzumachen, erzählt der Therapeut eine entsprechende Geschichte, z. B. die Geschichte von Andreas Krüger mit der Autobahn-Ausfahrt.
3. Den Klienten fragen, ob es einen Zeitpunkt gab, wann und wo die Belastung erstmals entstanden ist, sich diese schildern lassen.
4. Der Therapeut testet oder findet intuitiv heraus: Wie viele Seelen sind zurückzuholen?
5. Will der Klient die Ursprungssituation wissen oder nicht? Ggf. Ursprungssituationen ermitteln z. B. durch Psychomeridian, Testen, Intuition, Channeln oder Befragen: „Wann ist es passiert?“ Bzw.: „Wenn Sie es wüssten, wann wäre es gewesen …?“ War es nach, während oder vor der Geburt? Handelt es sich um ein „früheres Leben“? Welches?
6. Einen Stuhl in die Mitte des Raumes stellen, auf den sich der Klient setzt. Alternativ: Klient steht im Feld.
7. Der Therapeut bzw. Klient wählt für jeden abgespaltenen Seelenanteil einen Stellvertreter.
8. Der Therapeut wählt Teilnehmer, welche die Krafttiere des Therapeuten repräsentieren.
9. Die Stellvertreter stehen in einer Reihe vor dem Klienten, öffnen sich für die verlorengegangenen Seelenanteile und sagen, welcher der verlorengegangene Seelenanteile sie sind, für welche Energien sie stehen.
10. Der Klient sieht in dem jeweils zurückzuholenden Seelenanteil das entsprechende Bild, Alter, Potenzial (z. B. den Karl mit neun Jahren) bzw. die Stellvertreter offenbaren von sich aus, für welchen Seelenanteil sie stehen (falls gewünscht).
11. Der Klient schaut weiter die Stellvertreter der verlorengegangenen Seelenanteile an und wird aufgefordert, drei wichtige Haltungen einzunehmen.

    1. Er spürt die Sehnsucht dem ehemals verlorengegangenen Seelenanteil in sich selbst.
    2. Er nimmt eine Haltung von Ehrung / Dankbarkeit gegenüber den abgespaltenen / traumatisierten Teilen ein, dass diese sich geopfert haben, so dass er selbst

(der Rest der Seele) überleben und weiterhin funktionieren konnte. 3. Er nimmt eine Haltung von seelenverbundener Nüchternheit an, dies bedeutet, die Gefühle des abgespaltenen Teiles herzverbunden zu fühlen, aber nicht ins Drama zu fallen, sondern in der Bewusstheit zu bleiben.

12. Ansprache an Seelenanteile, der Therapeut spricht durch den Therapeuten: „Meine kleinen Seelen / liebe abgespaltenen Seelenanteile. Ihr habt euch geopfert, damit ich weiterleben konnte. Ich ehre euer Opfer. Ich danke euch dafür, dass ihr bereit wart, den Schmerz zu halten. Ich sehe und ehre euer Elend und euren Schmerz, den ihr bis heute für mich getragen habt. Mein Verlust schmerzt mich bis heute. Der Preis für euer Gehen war hoch, bis heute. Ich bin der / die große ... (Vorname des Klienten), doch die lange Zeit des Exils soll jetzt ein Ende haben. Ich bin heute gekommen, um euch zurückzuholen. Ich habe Sehnsucht nach euch, bitte kommt zurück zu mir. Heute werden wir wieder komplett sein, eine Seele, frei, hier und jetzt. Meine guten Seelen, ich hole euch jetzt zurück ins Hier und Jetzt. Es war schrecklich, aber jetzt ist es vorbei. Den Schmerz (Symptom, Trauma, Schlaganfall o. ä.) lassen wir im Damals und die Kraft und die Fülle holen wir zurück."
Der Klient wiederholt jeden einzelnen Satz entweder laut, tonlos oder in Gedanken.

13. Der Therapeut trommelt bzw. rasselt und singt für die Seelenrückholung. Währenddessen gehen die Krafttiere des Therapeuten zum ersten verlorengegangenen Seelenanteil, berühren ihn und geleiten ihn zu dem Klienten. Der Stellvertreter des ersten verlorengegangene Seelenanteils geht, geleitet durch die Krafttiere vor dem Klienten in die Knie (falls dieser auf einem Stuhl sitzt) und stellt sich vor, dass der verlorengegangene Seelenanteil, für den der Stellvertreter vorübergehend Gefäß war, jetzt in den Klienten hineingleitet. Er umarmt den Klienten und wartet, bis er spürt, dass der verlorengegangene Seelenanteil komplett in den Klienten übergegangen ist. Falls es für ihn stimmt, kann er den verlorengegangenen Seelenanteil auch überreichen oder in das Herz oder den Scheitel einblasen.

14. Der Aufstellungsleiter passt genau den Zeitpunkt ab, zu dem die erste Seele in den Klienten Einlass findet und ruft in dem Augenblick *„Hey hey, die erste Seele ist zurückgekehrt – eine Seele, voll und ganz*! Das Alte wirkt nicht mehr, das Grab ist leer!" und zeigt auf den leeren Platz. Der Klient fühlt während dessen die Veränderung.

15. Dann steht der Stellvertreter für den Seelenanteil auf (ggf. stellt er sich jetzt hinter den Klienten oder setzt sich wieder auf seinen Platz) und gibt den Platz frei für den nächsten zurückzuholenden Seelenanteil.

16. Auf die gleiche Weise wird ein Seelenanteil nach dem anderen zurückgeholt, bis alle ehemals verlorengegangenen Seelenanteile wieder mit dem Klienten vereint sind.
17. Der Klient spürt, welche positiven Potenziale ihm durch die zurückgeholten Seelenanteile zufließen.
18. Ggf. testet der Therapeut, ob noch ergänzend ein homöopathisches Präparat einzunehmen ist und wenn ja welches und wie lange.
19. Vierzehn Tage nach der TOA ggf. testen ob alle Seelenanteile zurückgeholt sind.
20. Abschließend: Entrollungsübung (s.ebenda)

SDS S. 378 ff.

TOA – alternative Formate

- TOA Einzelsitzung in der Timeline: Den Klienten fragen, wie er seine TIMELINE organisiert (von rechts nach links, von links nach rechts oder von vorne nach hinten) oder ihm einfach sagen, dass seine Timeline von links (Vergangenheit) nach rechts (Zukunft) verläuft. Timeline aufbauen, dafür Stühle hinstellen an den jeweiligen Lebensabschnitten, in denen die Traumata geschahen. Auf jeden Stuhl einen Teddy, ein Seelenholz oder einen Ritualgegenstand für den jeweils abgespaltenen Seelenanteil platzieren. Ein Stuhl steht im Hier und Jetzt für den guten Platz, der vom Klienten imprägniert wird. Ansonsten wie „TOA mit Medizinbären".
- *TOA mit spontanen Stellvertretern aus der Gruppe:* Der Klient sitzt auf einem Stuhl. Die anderen Seminarteilnehmer öffnen sich für die abgespaltenen Seelenanteile des Klienten. Dafür sitzen sie im „Pharaonensitz" (Beine nebeneinander, nicht überkreuzt) mit nach oben geöffneten Händen und visualisieren eine Öffnung im Scheitelzentrum. Wer spürt, dass er einen abgespaltenen Seelenanteil empfängt, steht auf, geht zum Klienten, sagt, welches inneres Bild / Gefühl er wahrnimmt und wann er verlorengegangen ist, umarmt den Klienten bzw. überreicht den Seelenanteil mit den Händen und stellt sich vor, wie der Seelenanteil komplett von ihm auf den Klienten übergeht.
- *TOA für alle Mitglieder einer Gruppe mit Hilfe von Zetteln / Steinen:* Jeder Teilnehmer der Gruppe nimmt einen Zettel oder Kieselstein pro zurückzuholendem Seelenanteil und legt ihn vor sich hin. Während der Gruppenleiter durch die TOA führt und die Lösungssätze vorspricht, räuchert, singt und rasselt, holen die Teilnehmer, jeder für sich einen Seelenanteil nach dem anderen zurück.
- *TOA für alle Mitglieder einer Gruppe mit Hilfe von Zetteln / Steinen in der TimeLine:* Wie oben, jedoch stellt sich jeder Teilnehmer vor, er tritt vor sich auf seine Timeline, läuft auf ihr rückwärts, bis er an die erste, zweite, dritte, vierte Situation kommt. Er legt stellvertretend dafür jeweils einen Seelenstein / Papier vor sich her. Nach der Ansprache holt jeder Teilnehmer einen Stein / Zettel zurück und beim Rückholen sieht er die damalige Situation, spürt die Energie von damals, die er loslässt und stellt sich vor, der Seelenanteil strömt über den Stein / Zettel in sein Herz ein.
- TOA für alle Mitglieder einer Gruppe mit Hilfe von einem Zettel: Wie oben, jedoch nehmen die Teilnehmer einen Zettel, den sie in große Kästen unterteilen oder auf die sie Kreise malen. In jeden Kasten oder Kreis schreiben sie einen zurückzuholenden Seelenanteil und ggf. wann er verlustig gegangen ist. Während der Aufstellungsleiter durch die TOA führt, berühren die Gruppenteilnehmer die Kästen oder Kreise auf ihren Zetteln, sprechen die vorgesprochenen Lösungssät-

ze stimmlos nach und holen einen Seelenanteil nach dem anderen zurück in ihre Seele, indem sie empfinden, wie der Seelenanteil in sie hineinfliegt, heimkehrt und mit der Hauptseele verschmilzt.

- Alternative von KJB: Da ich selbst mich nicht auf schamanischen Gesang verstehe, habe ich unter der gängigen Musik eine Alternative gesucht. Hierbei fand ich folgende Alternative: Bei der Rückholung der Seelenanteile durch die Krafttiere wird nicht getrommelt, sondern der Therapeut singt dabei „Come back to me" aus dem Stück „Calling You[30]" von Michael Stillwater (Text und Übersetzung s. u.) oder „Return Again[31]" von Shaina Noll.
- Nach einer Gruppen-TOA kann es sinnvoll sein, noch eine Einzel-TOA anzuschließen, insbesondere, wenn ein Teilnehmer bekundet, bei ihm seien noch nicht alle Seelenanteile zurückgekehrt bzw. vollständig integriert.
- Sollten nach der TOA alte Emotionen oder Irritationen auftauchen, ist es sinnvoll, dass der Klient ergänzend mittels Klopftherapie / EMDR oder einer anderen Methode die Veränderungen integriert. Oftmals genügt das Wort „korrigiere, korrigiere" oder auch „Ho´oponopono" verbunden mit einem Klopfen auf die Oberarme mit überkreuzten Armen.

SDS S. 387 ff.

____

____

____

____

____

30 „Calling You" ist ein Musikstück aus der CD, „The Honoring" von Stillwater, Michael, Originalmusik und Texte kann man unter www.innerharmony.com herunterladen. Probehören ist möglich unter https://innerharmony.com/ show_product.php?pid=1178&cdgroup=1178,1180,1181,1182,1183,1184, 1185,1186,1187,1188,1189,1190,1191&cdid=1179

31 Return Again ist ein Musikstück aus der CD „Songs for the Inner Child" von Shaina Noll, probehören u. a. bei amazon.de möglich

Calling You (von Michael Stillwater)	Ich rufe nach dir (freie Übersetzung)
I'm calling you, I'm calling you Come back to me, come back to me. I am here, I am here to hold you. I am here, I am here to hold you.	Ich rufe nach dir, ich rufe nach dir komm zurück zu mir, komm zurück zu mir. Ich bin hier, ich bin hier, um dich zu halten. Ich bin hier, ich bin hier, um dich zu halten.

Return Again (von Shaina Noll)	Kehr zurück
Return again, return again, Return to the land of your soul Return again, return again, Return to the land of your soul. Return to what you are, Return to who you are, Return to where you are born and reborn again	Kehr zurück, kehr zurück kehr zurück zum Land deiner Seele Kehr zurück, kehr zurück, kehr zurück zum Land deiner Seele Kehr zurück, zu dem was du bist, kehr zurück zu dem, wer du bist kehr zurück, wo du geboren und wiedergeboren bist.

Anzeichen von Fremdenergien

Checkliste – folgende Anzeichen könnten auf ein Besessenheitsthema hinweisen:

- Berührung, z. B. als wenn eine kühle Hand einen berührt, oder wie Spinnweben im Gesicht.
- Das Empfinden, zwei verschiedene Personen zu sein und ggf. sich für die eine Person bzw. ihr Verhalten entschuldigen zu müssen (kann allerdings auch auf eine innere Spaltung hinweisen).
- Drogen, Alkohol. Verändern Sie sich massiv, wenn Sie Substanzen genommen haben?
- Energieniveau chronisch niedrig:
- Geruch nach fremden Parfüm, After Shave, Zigaretten, Pfeifentabak, Gestank (!!!)
- Haustiere bzw. Fremdtiere reagieren eigenartig auf einen.
- Identitätsproblem: Man steht neben sich.
- Kalte Stellen in der Wohnung: Es ist an diesen Stellen so, als wenn Energie abgesaugt wird.
- Klopfen gegen Wände, in Schränken.
- Konzentrationsschwäche
- Missempfindungen, chronische – können der emotionale Zustand der Besetzerseele sein.
- Nebel: Wenn man sich wie benebelt fühlt.
- Schatten, die sich bewegen und sehr real erscheinen.
- Spuk: Gegenstände verschieben sich.
- Stimmen innere, voller Befehle, Beschimpfungen, Kommandos, Negativität, Urteile.
- Stimmungslabilität.
- Überreaktionen auf Themen wie Besessenheit
- Wutanfälle
- Vergesslichkeit.

Auch wenn ein Klient behauptet, er könne nicht sich selbst leben, weil andere es nicht zulassen, kann es sich um eine Besetzung handeln (und wenn es nur die Besetzung von einer Idee ist).

Erfahrungen: Manche Klienten haben ungerechtfertigter Weise Angst vor diesem Thema. Wenn sie sich daran erinnern, wer sie wirklich sind, entfällt diese Angst.

Lernerfolg: Klären, ob Phänomene und Energien zu einem bzw. zum Klienten gehören oder nicht.

Nutzen: Sich an sich selbst erinnern und Störenergien als fremd erkennen und loslassen.

SDS: S. 398 ff.

Besetzungen – was hilft?

- *Ruhe bewahren*: Keine Angst haben, sich in sich selbst zentrieren, entspannen.
- *Authentizität*: Die beste Vorbeugung gegen Besessenheit ist ein klares Gespür für sich selbst.
- *Meditation und Aurapflege*: Heilströmen nach Gröning, regelmäßige Meditation sowie die Arbeit mit Gebeten, Mantren und dem höheren Selbst sorgen für einen optimalen Schutz.
- *Räucherung*: Z. B. Mit Wachholder, Palo Santo, Salbei, Weihrauch Achten Sie insbesondere auch Ecken, Winkel, kalte Stellen. Lassen Sie Ihre Hand das Räuchergefäß führen.
- *Eisen, Meteorit, Magnet*: z. B. in homöopathischer Form
- *Bei Raumbesetzung*: Testen Sie wie viele erdgebundene Seelen sich in dem Raum befinden. Stellen Sie sich vor, die erdgebundenen Seelen stehen vor Ihnen. Sprechen Sie diese liebevoll und zugleich klar an. Klären Sie sie darüber auf, dass sie tot sind und ihre Angehörigen im Licht auf sie warten: *„Du lebst als ein Geist in diesem Raum. Erinnerst du dich noch daran, dass du gestorben bist und wann dies wahr? Als du gestorben warst, hättest du ins Jenseits zu deinen guten Ahnen gehen sollen, die auf dich warten. Ich ehre deinen Kummer, deine Verwirrung und deinen Schmerz. Damit soll es jetzt ein Ende haben. Sieh, deine guten Ahnen sind da, um dich zu holen. Fühle sie und gehe mit ihnen ins Licht und du wirst dich an einem Platz vorfinden, an dem du viel glücklicher bist als hier in diesem Raum. Diese jenseitige Welt ist für dich die einzig richtige Welt. Sie ist eine sehr wirklich Welt. Das Schlim-me ist vorüber. Du kannst dich freuen auf dein Leben im Jenseits – geh mit meinem Segen!“*
- Lichtmeditation zur Raumreinigung (nach Sattya Sai Baba[32]): Zünden Sie eine Kerze an oder imaginieren Sie eine Kerzenflamme. Konzentrieren Sie sich auf die Kerzenflamme. Spüren Sie, wie dieses Licht sich in Ihrem dritten Auge, der Stirnmitte, ja in Ihrem ganzen Kopf ausbreitet. Das Licht strömt nun hinunter zu Ihrem Herzen. Fühlen Sie das Licht in Ihrem ganzen Körper. Dieses Licht strahlt über ihren Körper hinaus und umhüllt Sie. Das Licht erfüllt nun Ihre Wohnung, Ihr Haus, Ihren Wohnort, das Land, alle Menschen, die gesamte Schöpfung.
- Segensmeditation zur Raumreinigung (nach Bruno Gröning): Stellen Sie vor sich das Bild eines spirituellen Meisters Ihrer Wahl (z. B. ein Foto von Bruno Gröning). Begeben Sie sich in den Pharaonensitz mit nach oben geöffneten Handschalen: Die Beine stehen rechtwinklig nebeneinander, Sie sitzen auf der Vor-

32 Gesprochene Fassung: Sai Baba, Sathya, Lichtmeditation, Sathya Sai Vereinigung e. V., Sprecher: Manfred Müller, Christoph Schumacher Klangkunst – Studio Köln, Track 3, sprachlich leicht gekürzt / verändert

derkante Ihres Stuhles und der Rücken ist gerade. Vor Ihnen steht das Andachtsbild. Sagen Sie: „Ich bitte den Heilstrom zu fließen!“ Denken Sie an etwas Schönes. Während Sie fühlen, wie der Heilstrom durch Ihren Körper fließt, sagen oder denken Sie: „Ich bitte um Segen für diesen Raum – diese Wohnung – dieses Haus – diesen Ort – dieses Land – diesen Planeten – dieses Universum!“ Machen Sie zwischendurch ausreichend Pausen und spüren Sie, wie der Segen sich vollzieht.

SDS S. 404 ff.

Einzel-Erdgebundenen-Seelen-Rückholungs-Aufstellung

Einzel-ESRA nach Andreas Krüger

Der Therapeut spricht vor, der Patient sprich tonlos nach: *„Liebe ... (Name der Besetzerseele bzw. einfach nur „Besetzerseele“), ich gebe dir die Ehre. Du bist nicht ... (Name des Klienten). Ich ehre dein Schicksal, ich ehre dein Leid. Du bist gestorben, aber ich lebe noch ein Weilchen, dann sterbe ich auch. Aber so lange ich lebe, mache ich etwas Gutes daraus, in Ganzheit und Freiheit. Korrigiere. Lange habe ich dich, habe ich für dich getragen. Jetzt fordere ich dich auf, verlasse mein Energiesystem hier und heute. Ich gebe dir jetzt alles zurück, was ich für dich trug. Ich schließe jetzt mein Energiesystem für dich, ich lösche alle Programme, die das Anhaften fremder Seelen in meinem Energiesystem ermöglicht haben. Alle Anhaftungsprogramme werden gelöscht. Korrigiere. Ich bin jetzt völlig frei von fremden Seelen. Korrigiere. Adieu. Frieden heißt, es darf gewesen sein. Bitte schau freundlich auf mich. Ich ziehe mich jetzt ganz von dir zurück. Ich bin völlig frei von dir. Korrigiere. Ich bin nur noch ich, hier und jetzt, eine Seele, heil und frei. Korrigiere.“*

Alternativ: Verehrte Tote, ich ehre euch. Ich habe euch getragen, treu wie ich bin zum vollen Preis. Jetzt ist ein Ende. Ich übergebe euch den Krafttieren von ... (Name des Therapeuten), Sie bringen euch zu den guten Ahnen im Licht. Verehrte Tote, ich ziehe mich von euch zurück und lösche alle Programme, die eine Anhaftung möglich gemacht haben!“

Variante: Der Therapeut als Stellvertreter der Besetzerseele: Durchführung wie oben, jedoch mit folgender Ergänzung: Der Klient legt, während er tonlos die o. a. Worte nachspricht die Hände auf die Schultern des Therapeuten. Der Therapeut spricht anschließend für die erdgebundene Seele:
„Ich wusste es nicht besser. Es tut mir leid. In dir war Platz, den habe ich genommen. Aber jetzt sehe ich, dass dies nicht in Ordnung ist. Jetzt gebe ich dich frei. Korrigiere. Ich gehe jetzt heim zu den himmlischen Seelen. Ich schaue freundlich und voller Wohlwollen auf dich. Frieden heißt, es darf gewesen sein.“
Danach nimmt der Klient wieder die Hände von den Schultern des Therapeuten. Der Therapeut lädt eine geeignete nahestehende Person im Licht (Ahne o.ä.) geistig ein, dem Besetzer die Hand zu reichen. Zugleich lädt er gedanklich den ehemaligen Besetzer ein, sich umzuschauen und die Hand der nahestehenden Person (der guten Ahnen im Licht) zu ergreifen.

Ggf. abschließend Entrollungsübung (s. ebenda).

Erfahrungen: Viele Klienten erleben die Einzel-ESRA als wertvolle Unterstützung, um all die Seelenenergien loszulassen, die nicht zu ihnen gehören.

Lernerfolg: Eine effektive und hochwirksame Methode, um in einer Einzelsitzung das Energiefeld des Klienten zu reinigen.

Nutzen: Frei werden von störenden Energien / Besetzerseelen.

SDS: S. 417 ff.

Personen-Clearing in schweren Fällen (Einzelsitzung)

1. Den Raum sichern: Türklingel / Telefon ausstellen, dafür sorgen, dass man nicht gestört wird, angenehme, entspannte Atmosphäre schaffen, ggf.: Den Raum mit Salbei räuchern, ein Ikonenbild aufstellen oder eine Kerze entzünden.
2. Für Therapeut und Klient: Machen Sie sich bequem und entspannen Sie sich. Durch Gebet, Meditation o.ä. in die Stille und die eigene Mitte gehen und sich den Ort bewusst machen, der immer war und immer sein wird.
3. Um Hilfe und innere Führung bitten, die den Prozess darin unterstützt, die Wesenheit zum Gehen zu überreden. Einen nahestehende spirituellen Meister, Heiligen, geistigen Helfer, Schutzengel und / oder Krafttiere bitten, diesen Prozess zu begleiten und dafür zu sorgen, dass der Besetzer loslassen kann und ins Licht finden kann. Als Therapeut ist man lediglich ein Kanal für die Befreiung, frei von Eigenwillen und Eigenvorstellungen.
4. Solarplexusübung[33]: Stellen Sie sich vor, dass Sie tief in Ihrem Solarplexus eine Miniatur-Sonne wie die Sonne in unserem Sonnensystem haben. Diese Sonne strahlt durch jedes Atmen und jede Zelle Ihres Seins hindurch. Sie erfüllt Sie vom höchsten Punkte Ihres Kopfes über die Fingerspitzen bis in die Fußsohlen mit Weißem Licht. Dieses Licht scheint durch Sie hindurch und strömt in jeder Richtung – über Ihrem Kopf, unter Ihren Füßen, zu den Seiten heraus – und erzeugt eine Hülle aus strahlendem Weißen Licht, das Sie voll und ganz umgibt und Sie vor allem Negativen oder Schädlichen schützt. Alternativ: Sich mit weißem Licht umgeben und sich vorstellen, von weißem Licht umgeben zu sein.
5. Zu den Besetzer-Seelen (nachfolgend auch „Besetzer" genannt) telepathisch laut sprechen (s. letztes Kapitel). Hierbei behandeln Sie die Wesenheit als eine eigenständige Person, unabhängig vom Klienten. Wie beim Voice-Dialogue[34] sprechen Sie also die Besetzerseele als eigenständige Persönlichkeit an und sagen beispielsweise: *„Du bist jetzt im Körper von ... (Name des Klienten)"* – vom Klienten wird also in der dritten Person gesprochen. Machen Sie dem Besetzer klar, dass der Körper des Klienten nicht der richtige Platz ist und ein dort Verweilen weder dem Klienten noch dem Besetzer gut tut. Sprechen Sie liebevoll, freundlich, aus Ihrer inneren Verbindung (Kanal) heraus, aufklärend und klar.
6. Klären Sie die Besetzer darüber auf, dass sie tot sind. Fragen Sie sie ggf. nach den Todesumständen. Manche Besetzer wissen nicht, dass sie tot sind. Wenn sie aber nach den Todesumständen gefragt werden, erinnern sie sich. Manchmal liegt

---

[33] Übung aus: Fiore, Edith, Besessenheit und Heilung, Silberschnur Verlag, 1997

[34] Der Voice-Dialogue bzw. Stimmen-Dialog ist eine Therapiemethode von Hal & Sidra Stone, näher erwähnt u. a. in Becker, Klaus Jürgen, Die Kraft der Selbstverantwortung, RiWei Verlag, 2009 und ausführlich beschrieben in den Büchern von Hal & Sidra Stone.

auch seitens der Besetzer ein Trauma vor. Indem dieses Trauma geklärt oder zumindest mitfühlend verstanden und mit Worten wiedergespiegelt wird, kann die Besetzerseele gehen (z. B. *„du bist damals im Trauma hängengeblieben und jetzt kannst du zu deinen guten Ahnen ins Licht gehen“*).

7. Den Besetzern sagen, dass sie an einen besseren Platz geführt werden, wo sie mehr und tiefere Erfüllung erfahren können. Lenken Sie die Aufmerksamkeit der Besetzer auf ihre guten Ahnen im Jenseits, die bereits die Hände ausstrecken und darauf warten, ihn aufzunehmen.
8. Es kann sein, dass während der Sitzung der Therapeut oder der Klient vorübergehend unangenehme Gefühle wie Depression, Furcht, Gram, Verzweiflung wahrnehmen. Diese gehören weder zum Therapeuten noch zum Klienten. Es ist wichtig, sich in diesen Gefühlen zu entspannen und zu erleben, wie diese von selbst abschwellen.
9. Nachdem die Besetzer-Seelen ins Licht gegangen ist, gehen Sie in die Mitte, entspannen Sie sich und drücken Sie gegenüber Ihren geistigen Helfern Liebe und Dankbarkeit aus.
10. Viele Klienten erleben die Befreiung von der Besetzung so, als wenn etwas aus ihnen herausgleitet. Die Empfindungen reichen von „es ist als wenn ein Splitter oder eine Zecke aus einem heraus gezupft wird“, einem Pochen, Rieseln, wellenartigen Energieschüben, bis hin zu dem Abstreifen eines schweren Mantels oder Rucksacks.
11. Wichtig: Den Klienten anweisen, sich nun auf seine neuen Möglichkeiten zu konzentrieren, und nicht mehr an die bisherige Besetzung zu denken. Falls er doch versehentlich an die ehemaligen Besetzung denkt, sollte er gleich hinterher folgenden Gedanken ergänzen: *„Ach ja, die (Besetzerseele) ist jetzt ja im Licht. Ich segne sie und wünsche ihr alles Gute!“* Dadurch verhindert der Klient, dass er versehentlich die Besetzerseele zurückholt, falls sie noch nicht vollkommen im Licht ist.
12. Die meisten Dinge, die für das Clearing notwendig sind, können intuitiv oder mit der Einhandrute ausgetestet werden. Manchmal ist es jedoch notwendig, mit der Besetzerseele in Dialog zu treten, z. B. weil Themen geklärt werden müssen. In dem Fall bitten Sie den Klienten als Besetzerseele zu antworten. An der Veränderung von Tonfall, Artikulation etc. erkennen Sie leicht, dass Sie nun mit der Besetzerseele kommunizieren[35]. Nachdem der Klient noch einmal ganz bewusst als „Sprachrohr“ für die Besetzerseele gedient hat, kann das Clearing abgeschlossen werden.

---

35 In folgenden Büchern befinden sich zahlreiche Beispieldialoge mit Besetzerseelen: Powers, Rhea, Heimkehren ins Licht, Falk Verlag, 1987; und: Fiore, Edith, Besessenheit und Heilung, Silberschnur Verlag, 1997

Erfahrungen: Mit Hilfe der o. a. Vorgehensweise ist es sogar in schweren Fällen sehr leicht, effektiv Besetzungen zu lösen.

Lernerfolg: Souveränität im wertfreien und erfolgreichen Umgang mit Besetzungen.

Nutzen: Auf eine sichere und fundierte Weise Klienten helfen, Besetzungen zu lösen.

SDS: S. 411 ff.

ESRA – Aufstellungsformat in der Gruppe

Checkliste

1. Der Therapeut findet intuitiv oder durch Austesten heraus, wie viele Seelen abzulösen sind.
2. Der Therapeut wählt aus der Gruppe je einen Stellvertreter für den Erzengel Metatron und einen für den Erzengel Sandolphon. Diese beiden Erzengel platzieren sich auf einer Linie, die den Raum teilt: In der einen Hälfte das Diesseits, in der anderen Hälfte das Jenseits. Sie stellen die „Hüter der Schwelle" dar.
3. Der Therapeut wählt aus der Gruppe Stellvertreter für seine Krafttiere (z. B. Wolf und Adler) und bittet sie ins Feld auf die Seite des „Diesseits".
4. Der Therapeut wählt aus der Gruppe einige Stellvertreter für die „guten über den Tod aufgeklärten Ahnen im Jenseits" der erdgebundenen Seelen und bittet sie ins Feld auf die Seite des „Jenseits".
5. Der Klient sitzt auf einem Stuhl in dem Feld, welches das „Diesseits" repräsentiert.
6. Der Therapeut wählt für jede abzulösende erdgebundene Seele einen Stellvertreter aus der Gruppe. Diese stellen sich hinter den Klienten und invozieren die erdgebundenen Seelen.
7. Der Therapeut beginnt schamanisch zu trommeln und zu singen. Die Stellvertreter für die Krafttiere spüren in sich hinein und fühlen, welche erdgebundene Seele zuerst zurückzubringen ist. Sie gehen zu der ersten erdgebundenen Seele hin, berühren diese gefühlvoll und führen diese zu den Hütern der Schwelle.
8. Die Hüter der Schwelle (Metatron, Sandolphon) führen die bisher erdgebundene Seele zu den guten Ahnen im Licht, während die Krafttiere bereits die nächste erdgebundene Seele abholen.
9. Sind alle erdgebundenen Seelen bei den guten Ahnen im Licht, ist die ESRA beendet.
10. Alle Teilnehmer bis auf den Klienten gehen aus dem Raum und „entrollen" sich.

Variante: Mentale ESRA: Unter Anleitung des Therapeuten sich mental vorstellen, die Krafttiere, Engel bringen die Besetzerseelen zu den guten Ahnen (z. B. im Rahmen einer Einzelsitzung).

Tipp: Die ESRA kann auch zur Hausentstörung eingesetzt werden.

Erfahrungen: Alle Teilnehmer erlebten das Format bisher als sehr eindrucksvoll und hilfreich. Die Veränderung der Energien ist für sensitive Menschen deutlich positiv spürbar.

Lernerfolg und Nutzen: s. oben

SDS: S. 417 ff.

ESRA für alle Seminarteilnehmer gleichzeitig

- Dafür werden wie bei der vorangegangenen Übung die Krafttiere, die Torwächter und dahinter die guten Ahnen aufgestellt. Im Diesseits steht die erste Gruppe Teilnehmer.
- Jeder einzelne Teilnehmer spürt in sich, ob er eine Fremdbesetzung haben könnte. Jeder von ihnen öffnet sein Bewusstsein dafür, dass dies möglich ist und falls er eine solche Fremdbesetzung seines eigenen Energiesystems spürt, hält er die Hände sichtbar nach vorne.
- Ggf. spricht der Therapeut für alle in der ersten Gruppe die Sätze (s. Einzel-ESRA).
- Der Repräsentant für das Krafttier übernimmt nun die (unsichtbare) erdgebundene Seele, führt sie zu den Hütern der Schwelle und diese geleiten die erdgebundene Seele zu den guten Ahnen. Dann kommt der nächste Teilnehmer.
- Die Teilnehmer bleiben also im Diesseits stehen. Sie wiederholen diesen Vorgang, bis sie frei sind von allen Fremdenergien. Danach kommt die nächste Teilnehmergruppe dran.

Wichtig:

- Abgrenzung: Wenn ich im Trauma (TOA) bin, will ich etwas, das mir fehlt in mir haben. Wenn ich in der Besetzung bzw. Symbiose bin (ESRA), will ich das, was in mir ist und fremd ist loslasssen, dahin wo es hingehört.
- Immer liegt einer Besetzung ein eigenes Muster zugrunde, das mitgelöst werden sollte, eine Resonanz. Lösen wir diese auf, ist kein Platz für erneute Besetzungen. Hilfreich ist deshalb auch folgende Formulierung: „Und ich schließe mein Energiesystem und alle Muster, die die Besetzung überhaupt erst möglich gemacht haben!“
- Nach jeder ESRA die „Entrollungsübung“ (s. ebenda) durchführen.

Erfahrungen: Alle Teilnehmer empfanden bisher das Format zur Lösung von erdgebundenen Seelen als genial. Mit Hilfe dieser Methode konnten oftmals sogar im großen Stil Räume gereinigt werden.

Lernerfolg: Souverän und spielerisch mit erdgebundenen Seelen umgehen.

Nutzen: Der Klient entdeckt in den nächsten Jahren, dass er die Kraft hat, sich selbst zu leben und kommt mehr zu sich selbst! SDS: S. 418

Flüche - hilfreiche Faktoren, um die Wirkung aufzuheben

- Advaita: Wo kein „Ich“ vorhanden ist, ist niemand da, den ein Fluch treffen könnte.
- Dämonenfütterung nach Tsültrim Allione[36]
- Gesunde Lebensweise
- Gewissensklarheit
- Herzensweite
- Ho´oponopono
- Mitgefühl
- Segnen
- The Work nach Byron Katie[37]
- Tonglen: Eine buddhistische Praxis[38]
- Vergebung und Selbstvergebung
- Verzicht auf Drogen und Süchte

SDS: S. 421 ff.

Wechselnde Pfade
Schatten und Licht
Alles ist Gnade
Fürchte dich nicht.
(Segensspruch aus dem Baltikum)

36 Ein Anwendungsblatt für die Dämonenfütterung verfasst von Dr. Beate Latour befindet sich auf der Webseite www.andreaskruegerberlin.de
37 s. dazu Katie, Byron, Lieben was ist: Wie vier Fragen Ihr Leben verändern können, Goldmann Verlag, 2002, auch erwähnt in: Becker, Klaus Jürgen, die Kraft der Selbstverantwortung, RiWei Verlag, 2009
38 Die Technik Tonglen ist näher in den Büchern der ehrwürdigen Meditationsmeisterin Pema Chödrön beschrieben, z.B. Chödrön, Pema, Tonglen. Der tibetische Weg mit sich selbst und anderen Freundschaft zu schließen, Arbot Verlag 2001; auch erwähnt in: Becker, Klaus Jürgen, Die Kraft der Selbstverantwortung, RiWei Verlag, 2009

Die Ent-Setzungs-Aufstellung (ESA)

Anwendungsbereiche der ESA

Die ESA lässt sich zur Entsetzung (d. h. Befreiung einer Besetzung) von negativen Energien aller Art einsetzen. Für die ESA ist es unbedeutend, ob die negativen Energien vom Klienten selbst geschaffen wurden oder durch Projektionen dritter entstanden sind.

Die ESA kombinieren wir idealerweise mit dem Heilstrom. Dieser kann auch separat eingesetzt werden. Hierfür können wir die bereits gelernte Form des Heilströmens nach Bruno Gröning verwenden oder auch die nachfolgende Variante.

- Einleitung: Heilströmen unterstützt durch einen spirituellen Lehrer, Schamanen, Coach
- Der spirituelle Lehrer liest folgenden Text vor: Ich (Meister, Schamane, Therapeut, z. B. Andreas Krüger) sitze hinter dir … Meine Hände auf deinem Kopf ... durch mich hindurch … (durchs Scheitelchakra in mich hinein) und durch meine Hände durch deinen Kopf hinein rauscht orangener Heilstrom aus mir, durch dich und zu deinen Füßen aus dir heraus (und die Erde macht was Gutes damit) und spült alles aus dir heraus was noch in dir unheil und unfrei ist. Der Strom fließt und spült kraftvoll und unwiderstehlich, ein regelrechter Heilstrom-Tsunami. Und nachdem er alles Unheile und Unfreie aus dir heraus gespült hat, füllt er dich auf, imprägniert alle deine Zellen(leibhaftig) mit seinem tief orangenen Heillicht, was wiederum imprägniert ist, mit Heil und Freiheit. (Die Qualitäten können aktuell verändert werden, Freude und Hingabe, Mut und Wissen etc.). Und er füllt dich solange auf, bis alle deine Zellen in tiefem Orange leuchten und pulsieren und dieses orange Leuchten, deine ganze Aura ausfüllt und über dich hinaus alle dich umgebenen Menschen einhüllt und wenn es die Zeit zulässt heilend die ganze Welt.

Blockierte Erinnerungen / Energien lösen: Während Durchführung der eigentlichen ESA ist es sinnvoll, evtl. blockierte Erinnerungen / Energien zu lösen. Dies tun Sie, indem Sie darum bitten, *dass* diese sich zeigen und gleich mitgereinigt werden.

Erfahrungen: Viele Teilnehmer spüren regelrecht, wie die Störenergien aus ihnen herausgleiten.

Lernerfolg: Das eigene Energiesystem mittels Visualisation bereinigen.

Nutzen: In die eigene Kraft, Klarheit und Harmonie kommen.

SDS: S. 430 ff.

Durchführung der ESA für den Klienten

1. Begeben Sie sich in den Pharaonensitz, behelfsweise in eine andere Sitzhaltung.
2. Nehmen Sie das Trägermedium, z. B. die Blumenblüte in die rechte Hand.
3. Verbinden Sie sich mit dem Heilstrom.
4. Denken Sie:
   „Ich reinige hier und jetzt mein Energiesystem und lösche alle Flüche und Anhaftungen negativer Gedanken, die auf mein Energiesystem gewirkt haben. Ich bin jetzt völlig frei von allen Fremdenergien wie Flüchen, Anhaftungen, negativen Gedanken, die auf mein Energiesystem gewirkt haben. Korrigiere. Ich bin jetzt frei von Fremdem, ganz ich, ganz frei. Korrigiere. Ich lösche alle Programme, die das Anhaften von Fremdenergien ermöglicht haben. Korrigiere. Alle Programme zur Anhaftung sind gelöscht. Korrigiere. Was immer in mir war, ich lasse es völlig los und ziehe mich zurück."
   In einem Aufstellungsseminar spricht der Aufstellungsleiter diesen Text, während die Teilnehmer, allesamt mit je einem Trägermedium in der Hand jedes einzelne Wort entweder tonlos nachsprechen, sich vorstellen, dass der Seminarleiter durch sie spricht oder jeden einzelnen Gedanken innerlich vollziehen.
5. Leiten Sie dabei in Gedanken durch die rechte Hand alles in das Trägermedium, was an negativen Glaubenssätzen, Elementalen, Besetzungen Emotionen, Flüchen, Belastungen, Fremdenergien etc. in Ihnen ist.
6. Öffnen Sie Ihr Scheitelzentrum und stellen Sie sich vor, dass durch Ihren Scheitel ein orangefarbener Strom der Heilung und Reinigung fließt, der wie ein Wirbelwind durch alle Zellen des Körpers fegt und alle Reste von ungelösten Energien noch zusätzlich durch die rechte Hand in das Trägermaterial lenkt und das Energiesystem auf diese Weise reinigt. Alternativ: Imaginieren Sie, Ihr spiritueller Lehrer (z. B. Andreas Krüger) steht (weiter) hinter Ihnen, hält Ihre Hand an Ihren Kopf und leitet den orangenen Heilstrom durch seine Hand hindurch in Ihren Kopf hinein.
7. Die destruktiven Energien sind in dem Trägermedium für 48 Stunden gebannt. Sorgen Sie dafür, dass innerhalb dieser Zeit das Trägermedium mit Hilfe der Naturgeister entsorgt wird. Dafür verbuddeln Sie das Trägermaterial unter einem Baum, legen es in einen Fluss (fließendes Wasser) oder geben es in ein Feuer. Sprechen Sie an die Baum-, Wasser- oder Feuergeister ein kleines Gebet mit der Bitte, die in diesem Material gespeicherten Energien zu entsorgen. Sehen Sie bildhaft, wie diese Geister sich um die Energien kümmern und die liebevolle Entsorgung stattfindet.

Erfahrungen, Sinn und Nutzen: s. vorangegangene Übung.

SDS: S. 432 ff.

Einzel-ESA mit sich selbst

Begeben Sie sich in den Pharaonensitz, nehmen Sie den Trägerstoff in die rechte Hand und vollziehen Sie die folgenden Gedanken:

1. *Ich leite alle Programme, Fremdenergien, Glaubenssätze (GS), insbesondere, die mit ... (Beschreibung des Themas) zu tun habe, in den Stein.*
2. *Alle GS, Programme, Fremdenergien, die für ... (Thema) verantwortlich waren, werden jetzt ausgeleitet in den Stein und aus meinem System gelöscht, korrigiere, korrigiere.*
3. *Alle GS, Programme, Fremdenergien, ... sind jetzt ausgeleitet in den Stein*
4. *Ich bin jetzt völlig frei von allen GS, Programmen, Fremdenergien, die mit ... zu tun haben*
5. *Alle GS, Programme, Fremdenergien ... sind jetzt ausgeleitet und für 48 Stunden gebannt in den Stein.*
6. *Ich spüre einen orangenen Heilstrom, die Hand meines Meisters ist auf dem Hinterkopf und spült wie ein durchfegender Wind alle Störenergien hinweg, insbesondere alles, was mit ... (Thema) zu tun hat.*
7. *Ich spüre wieder ganz mich selbst (nachvollziehen).*
8. *Ich bin mir gewahr, dass ich reines Licht / Reiner Raum bin*
9. *Danke (sich bedanken).*
10. *Das Trägermedium unter einem Baum einbuddeln, einem Fluss oder Feuer übergeben und den Baum-, Wasser- oder Feuergeist bitten, die Energien umzuwandeln / zu löschen, beispielsweise: „Hey, hey, Baumgeist(er), ich gebe dir / euch jetzt diesen Stein und damit alles, was mit dem Thema und den Energien in diesem Stein zu tun hat und bitte euch, ihn zu entsorgen - macht etwas Gutes daraus, danke!"*

Erfahrungen, Sinn und Nutzen: S. vorangegangene Übung.

SDS: S. 433 ff.

Die Einzel-ESA mit Hilfe eines Therapeuten

1. Der Klient steht dem Therapeuten gegenüber. Der Klient legt die Hand auf die Schulter des Therapeuten und imaginiert dabei, *dass* der Therapeut als Trägermedium fungiert.
2. Der Therapeut sagt nun:

   „Lass mich durch dich sprechen: Ich lasse los alle ... Glaubenssätze, Gedanken, Bindungen, Flüche, ... (detaillierte Themen)! Ich entlasse hier und jetzt aus meinem Energiesystem alle Fremdenergien, die mir im Augenblick anhaften. Ich lösche alle Programme, die ein Anhaften von Fremdenergien überhaupt erst möglich machen. Ich lösche alle Selbstsabotageprogramme, welche diese Ausleitung blockieren könnten. Ich bin jetzt völlig frei von Fremdenergien. Ich bin jetzt völlig frei von Programmen, die Anhaftungen an Fremdenergien erst möglich machen; mein Energiesystem ist jetzt völlig frei von Fremdenergien. Ich schließe mein Energiesystem für alle weiteren Fremdenergien und Anhaftungen".
3. Falls es sich um die Negativprojektion durch eine ganz bestimmte Person handelt, wirkt der Therapeut als Stellvertreter für diesen Menschen, von dem das Negative stammt. Bei einem Fluch spricht er beispielsweise für denjenigen, der den Klienten verflucht hatte. Er öffnet sein Herz voller Mitgefühl für den Verfluchenden und sagt abschließend:

   „Was immer ich auf dich warf, ich nehme es jetzt zurück. Es tut mir leid. Du bist jetzt frei. Ich zahle den Preis, ich ziehe mich jetzt ganz von dir zurück. Frieden heißt, es darf gewesen sein."
4. Während des Rituals übernimmt der Therapeut die Belastungen des Klienten und gibt sie zur Entsorgung an seine Krafttiere, geistigen Helfer, spirituellen Meister weiter, die sich um sie kümmern.
5. Der Patient nimmt nun die Hand von der Schulter des Therapeuten und tritt zurück. Ggf. legt der Klient nun seine Hände aufs Hara oder den Solarplexus und spürt, dass er ganz er selbst ist.
6. Der Therapeut spürt weiterhin, wie seine Krafttiere, Geisthelfer, Meister die Negativenergien übernehmen und ihn dadurch reinigen. Ggf. geht er dafür vor die Türe. Dann entrollt sich der Therapeut. Ggf. neutralisiert er sich anschließend noch einmal durch eine kurze Reinigungsmeditation.

Erfahrungen, Sinn und Nutzen: s. vorangegangene Übung.

SDS: S. 433 ff.

ESA im Seminar mit Hilfe der Krafttiere (Aussaugung)

Vorgehensweise:

- Der Seminarleiter wählt zwei Stellvertreter für seine Krafttiere. Diese nähern sich dem Klienten und fressen alles auf bzw. saugen es aus, was an Fremdenergien in dem Klienten ist und nicht zu ihm gehört und atmen es in das Trägermedium, z. B. den Stein ein, während der Therapeut singt und trommelt.
- Die anderen Seminarteilnehmer können den Klienten in der Mitte als Fokusperson für ihre eigenen Themen betrachten und sich dabei vorstellen, dass diese Krafttiere auch bei ihnen alle Fremdenergien herauslösen; ideal ist es dabei, wenn die beobachtenden Teilnehmer dafür ebenfalls den Pharaonensitz einnehmen und die Fremdenergien in einen eigenen Trägerstoff leiten.
- Abschließend wird der Trägerstoff binnen 48 Stunden an einem Baum, Fluss oder einer Flamme entsorgt.

Alternativ

Der Therapeut wählt einen Stellvertreter für die negativen Bedenkungen und zwei Stellvertreter für seine Krafttiere aus. Während der Therapeut singt und trommelt, fressen die Stellvertreter der Krafttiere symbolisch den Stellvertreter für die negativen Bedenkungen auf, bis sie energetisch spüren, dass keine negativen Energien mehr dort sind. Der Klient selber sitzt auf einem Stuhl, schaut zu und vollzieht den Prozess in sich.

Erfahrungen, Lernerfolg, Nutzen: s. vorangegangene Übung.

SDS: S. 434 ff.

„Es gibt in der tiefen Meditation die Möglichkeit, die Zeit aufzuheben, alles Gewesene, Seiende und Sein-Werdende gleichzeitig zu sehen, und da ist alles gut, alles vollkommen, alles Brahman. Darum scheint mir das, was ist, gut, es scheint mir Tod wie Leben, Sünde wie Heiligkeit, Klugheit wie Torheit, alles muss sein, alles bedarf nur meiner Zustimmung, nur meiner Willigkeit, meines liebenden Einverständnisses, so ist es für mich gut, kann mir nie schaden. Ich habe an meinem Leib und an meiner Seele erfahren, dass ich der Sünde sehr bedurfte, ich bedurfte der Wollust, des Strebens nach Gütern, der Eitelkeit, und bedurfte der schmählichsten Verzweiflung, um das Widerstreben aufgeben zu lernen, um die Welt lieben zu lernen, um sie nicht mehr mit einer von mir gewünschten, von mir eingebildeten Welt zu vergleichen, einer von mir ausgedachten Art der Vollkommenheit, sondern sie zu lassen, wie sie ist, und sie zu lieben und ihr gerne anzugehören." (Hermann Hesse)

TRIAS – die Kombination von TOA, ESRA und ESA

Von Heidi Baatz aus Material von Andreas Krüger zusammengestellt[39]

Man braucht dafür zwei Stühle, die sich gegenüberstehen, ein paar Stofftiere, ein Trägermedium (Blüte, Stein, Schmuckstück, notfalls: Papierknäuel), Räucherwerk und eine Rassel.

1.Teil: TOA

Seelenrückholung:

- Der Klient und Therapeut sitzen sich auf den beiden Stühlen gegenüber.
- Der Klient hält einen Teddy in seiner rechten Hand.
- Der Therapeut spricht für den Klienten in Surrogatschaft (Stellvertretung), also in der Ich-Form, während der Patient die Worte nur durch sich hindurchlaufen zu lassen braucht.
- Der Therapeut erklärt dem Klienten, dass er nun ein Anrufungslied für alle verlorengegangenen Seelenanteile singen wird, ein Heillied, mit dem er die Seelen herbeisingt.
- Bevor er jedoch zu singen beginnt, bittet er (in Stellvertretung für den Klienten) die Seelen, in dem Teddy Platz zu nehmen.
- Er bittet den inneren Sänger, die Krafttiere, die Geisthelfer, die erforderlichen Kräfte, das Lied singen zu lassen, das die verlorengegangenen Klienten-Seelen verstehen, um sich nach Hause, in die Hauptseele des Patienten, holen zu lassen: *„Hey, hey, alle verlorenen Seelen, ich rufe euch von ganzem Herzen. Lasst euch herbeisingen. Nehmt Platz in* diesem Teddy (bzw. den Namen des Teddy, z. B. Bigfoot, Yeti o.ä, erwähnen). Korrigiere. Lasst euch herbeisingen, kommt herbei. Korrigiere." Er singt das Anrufungslied[40] und betet für die erfolgreiche Anrufung der verlorenen Seelen des Patienten (alles in der Ich-Form).
- Der Therapeut spricht durch den Klienten: „Lass mich nun durch dich sprechen. Verehrte Seelen, ich gebe euch die Ehre, und ich danke euch für euer Opfer, dass ihr den Schmerz, das Leid auf euch genommen habt, unter dem ich sonst vergangen wäre. Dass ihr euch geopfert habt, damit ich mit meiner Hauptseele weiterziehen konnte. Habt Dank für euer großes Opfer. Habt Dank für euer Exil. Der Preis war hoch und ihr fehltet mir. Was ihr mitnahmt, all die Ressourcen und Qualitäten, hat mich einen hohen Preis gekostet. Heute soll die Trennung ein Ende haben. Heute möchte ich mich mit euch wiedervereinigen, damit ich wieder eine Seele werden kann. Die Zeit der Trennung ist vorbei. Alle Gräber sollen jetzt leer sein, alle Seelen auferstehen. Alle Magie, alle Kraft soll zurückkehren,

39 Quelle: www.andreaskruegerberlin.de, mit leichten redaktionellen Veränderungen

40 Alternativ: Singen des Liedes „Come back zu me" von Stillwater, im Buch unter TOA beschrieben.

alles Licht und alle Ressourcen wieder verfügbar sein. Die Trennung ist vorbei. Korrigiere."

- Nun singt der Therapeut ein improvisiertes Lied zur Wiedervereinigung[41].
- Der Klient hält den Teddy vor seinen Herzraum und stellt sich vor, wie alle herbeigerufenen Seelen aus dem Teddy in seinen Herzraum fliegen, sich dort mit der Hauptseele verbinden und sich in ihr auflösen zu einer kompletten heilen Seele.
- Der Therapeut spricht zu den zurückgekehrten Seelenanteilen: „Willkommen daheim. Wieder eine komplette Seele. Korrigiere. Willkommen zu Hause im Hier und Jetzt."
- Wenn alle Seelenanteile aus dem Teddy in den Herzraum übergetreten sind, ist das Trägermedium wieder neutral und wird von dem Klienten abgelegt. Gut ist es in dieser Phase, wenn der Klient das Zurückkehren der Seelenmasse wirklich fühlt.
- Der Therapeut sagt nun: „Die TOA ist zu 100% erfolgreich. Korrigiere. Eine Seele, heil und frei, komplett, kraftvoll, leicht und licht, mächtig und magisch. Alle Ressourcen sind zurückgeholt, manifestiert und aktiviert. Alle Programme, die Seelenverluste ermöglicht haben, sind zu 100% gelöscht. Korrigiere.

2. Teil: ESRA

Rückführung erdgebundener Seelen, die im Energiesystem des Patienten Platz gefunden haben. Die Anzahl dieser Seelen *sollte* bekannt sein.

- Der Klient legt seine Hände in die Hände des Therapeuten.
- Der Therapeut spricht zu den verstorbenen erdgebundenen Seelen, die aufgrund der Seelenverluste des Patienten in dessen ungefüllten Seelenraum Platz nehmen konnten. Diese Seelen werden nun über die Situation aufgeklärt und gebeten, sich zu ihren guten Ahnen führen zu lassen. Therapeut (in Stellvertretung für den Klienten): *„Verehrte Seelen, ich gebe euch die Ehre. Ich ehre euer Schicksal und ich ehre euer Sterben. Ihr seid tot, doch ich lebe noch ein Weilchen. Dann sterbe ich auch. Ich habe euch getragen, doch mein Energiesystem ist nicht der rechte Ort für Verstorbene. Daher gebe ich euch jetzt ab an den Andreas, der euch dann an den rechten Ort bringen lassen wird, ins Licht zu euren guten Ahnen. Und ich bitte euch: schaut freundlich auf mich. Ich ziehe mich jetzt zurück und schließe mich für euch."*
- Klient und Therapeut lösen die Hände voneinander.

---

[41] Alternativ: Das Lied „Grace" von Michael Stillwater, näher beschrieben im Kapitel TOA

- Therapeut (in Stellvertretung für den Patienten): *„Mein Energiesystem ist jetzt völlig frei von verstorbenen Seelen. Korrigiere. Ich lösche alle Programme, die das Anhaften verstorbener Seelen in meinem Energiesystem ermöglichen und ermöglicht haben. Korrigiere. Die ESRA ist zu 100% erfolgreich. Korrigiere."*
- Der Therapeut spricht nun in Stellvertretung für die verstorbenen Seelen zu dem Patienten: *„Es tut uns sehr leid, aber wir wussten es nicht besser. Wir wussten nicht, was wir in deinem Energiesystem anrichten. Unsere Liebe zur Welt war groß. Bei dir war es warm und schön, und es war Platz, um in dir das zu erleben, was uns an die Welt gebunden hat. Danke, dass wir auch nach unserem Tod durch dich das Weltliche noch eine Weile erleben durften. Es tut uns leid, dass wir dir nicht gut getan haben. Wir werden das wieder gutmachen. Jetzt lassen wir uns ins Licht bringen, und dort werden wir über dich wachen, dich segnen, für dich singen und deine Schutzgeister sein. Friede heißt, es darf gewesen sein. Hiermit verabschieden wir uns von dir."*
- Der Therapeut erklärt dem Klienten, dass er nun den Raum verlassen und im Nebenraum die Seelen an die guten Geister übergeben wird, die sie dann zu ihren guten Ahnen überführen werden.
- Nachdem der Therapeut dies getan hat, entrollt er sich und macht sich frei von allem Fremden.

3. Teil: ESA

Entsetzung von Fremdenergien und Sabotageprogrammen

- Der Klient nimmt das Trägermaterial (Blüte, Stein oder Papierknäuel) in seine rechte Hand. Der Therapeut steht hinter ihm und klopft ihm abwechselnd links und rechts auf die Schulter und sagt (in Stellvertretung für den Patienten): *„Ich lösche und leite aus in den Zettel in meiner rechten Hand und korrigiere zu 100% alles Fremde und alles Eigene, das bisher verhindert hat, dass ich meine Fähigkeiten zu 100% manifestiert und aktiviert habe. All dies ist für 48 Stunden in dem Zettel gebunden. Ich bin jetzt zu 100% frei von allem, was bisher meine Heilung, Kraft und Magie verhindert hat. Korrigiere. Alle Ressourcen, alle Kraft, Lust, Magie, alles Licht, alle Liebe und Schöpferkraft sind zu 100% manifestiert und aktiviert."*
- Der Therapeut legt seine linke Hand auf den Kopf des Patienten, in der rechten hält er seine Rassel und spricht zu dem Klienten: *„Aus meiner linken Hand fließt nun ein kraftvoller Heilstrom, dem nichts widerstehen kann. Wenn er durch dein Energiesystem strömt, nimmt er alles mit, was der Behandlung noch widerstanden hat. Alles, was der völligen Aktivierung deiner Ressourcen noch im Wege*

steht, alles, was deine Lust, Magie, endgültige Heilung und Freiheit noch behindert, wird von diesem Heilstrom weggespült."

- Der Therapeut rasselt und singt, während er den Heilstrom durch sich hindurch in den Patienten strömen lässt.
- Abschließend sagt der Therapeut (und meint es auch so, d. h. vollzieht diesen Gedanken innerlich): „TOA, ESRA, ESA und Heilstrom sind zu 100% erfolgreich. Korrigiere."
- Das Trägermaterial wird von dem Patienten innerhalb der nächsten 48 Stunden dem Feuer oder einem fließenden Gewässer übergeben oder an einem Baum vergraben mit folgendem Gebet: „Ihr guten Feuer-, Wasser-, Baumgeister. Ich übergebe euch jetzt alles, was bisher verhindert hat, dass ich meine Ressourcen zu 100% manifestieren und aktivieren konnte, dass ich meine Kraft, Magie, Lust und Schöpferkraft zu 100% leben konnte. Und ich bitte euch: macht etwas Gutes daraus."

SDS S. 440

Die liegende Acht – Lösung von Fremdenergien

Wenn wir Fremdenergien lösen, kommt es in Ausnahmefällen vor, dass auch nach Abschluss der Arbeit noch Restenergien zu klären sind. Diese können beispielsweise auch von Lebenden stammen, die sich in unser Leben einmischen. In dem Fall hat sich die „liegende Acht" als Visualisationsübung bewährt.

Die liegende Acht wurde von Phyllis Krystal zur Lösung von Fremdenergien entwickelt. Sie eignet sich hervorragend auch nach Abschluss einer ESRA.

Die Methode basiert auf dem Symbol eines Kreises und eines Punktes in der Mitte. Der Punkt steht für die Mitte des Menschen, und der Kreis symbolisiert den Lebensbereich dieses Menschen. Es ist ein geistiges Gesetz: Niemand anderes darf ohne Erlaubnis in diesen Bereich eindringen. Der Kreis symbolisiert diesen Bereich.[42]

Übung:

- Begeben Sie sich in eine aufrecht Sitzhaltung, am besten in den Pharaonensitz, Sitz mit geradem Rücken auf der Stuhlvorderkante, Beine nebeneinander, Knie rechtwinklig, die Hände liegen locker auf den Knien, Handinnenflächen wahlweise nach oben oder unten.
- Visualisieren Sie in Ihrer Vorstellung auf dem Boden einen gelb-goldenen Kreis, oder besser einen goldenen Lichtschlauch um sich herum. So groß, dass Sie mit ausgestreckten Armen und Fingern gut darin Platz finden.
- Stellen Sie sich nun gegenüber von Ihrem eigenen Kreis einen zweiten solchen Kreis vor, der an diesen Kreis anliegt, so dass es wie eine Acht ausschaut.
- Nun visualisieren Sie die Person oder ein Symbol für die Sache, von der Sie sich ablösen möchten in den zweiten Kreis.
- Achten Sie darauf, dass in Ihrer Vorstellung Ihr gewähltes Symbol (oder die Person) in ihrem Kreis bleibt, und Sie selbst in Ihrem eigenen Kreis. So senden Sie die Botschaft an Ihr eigenes Unterbewusstsein, dass Ihr Lebensbereich, also Ihr Kreis, von dem, was das Symbol symbolisiert getrennt bleiben soll.
- Gleiches gilt auch für die beiden Kreise, falls sie sich ineinander schieben.
- Wichtig ist, dass die Kreise sich in Ihrer Vorstellung immer auf dem Boden befinden sollen.
- Stellen Sie sich nun ein blass-blaues Neonlicht vor, welches in der goldenen Röhre entlangfließt. Es fließt zuerst im anderen Kreis im Uhrzeigersinn, und geht

---

42 Weitere Informationen in dem Buch von Krystal, Die inneren Fesseln sprengen, Arbeitsbuch, S. 49 ff., Econ Verlag, 2000, ausführliche Informationen unter: http://www.spirituelle.info/homeframe.htm?http://www.spirituelle.info/phyllis-krystal-methode.htm

dann in den eigenen Kreis über. Im eigenen Kreis läuft das blaue Licht entgegen dem Uhrzeigersinn. Im unteren Kreis sitzen Sie selbst, im oberen Kreis Ihr Symbol, beziehungsweise die Person zu welcher Sie die Beziehung reinigen oder gar ablösen möchten.

- Stellen Sie sich vor, dass alles, was bei Ihnen ist und zu der anderen Person/Sache gehört, über die liegende Acht von Ihnen weg und hinüber in den anderen Kreis fließt und alles, was auf der anderen Seite ist und zu Ihnen gehört, im weiteren Verlauf der liegenden Acht zu Ihnen zurückkommt.

Diese Übung hilft sofort, bei akuten Übergriffen. In chronischen Fällen ist es hilfreich, die Übung 21 Tage lang täglich zu wiederholen.

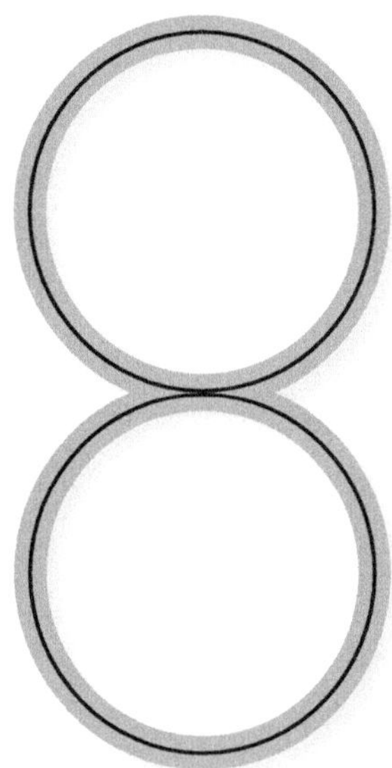

Falls die Kreise sich überschneiden

Wenn sie sich überschneiden, also einer der beiden in den Bereich des anderen hineinwirkt, besteht die Arbeit darin, die Kreise gedanklich so auseinanderzuziehen, also zu visualisieren, dass sie wieder einzeln sind.

Erfahrung: Viele Teilnehmer haben nach der Übung mit der liegenden Acht das Empfinden, ganz bewusst im Hier und Jetzt und ganz Sie selbst zu sein. Es ist wichtig, dass Sie die liegende Acht auf dem Boden liegend visualisieren. Die Energieablösung ist für die Übungen energetisch stark spürbar. Meistens wissen wir auch von selbst, wann die Übung beendet ist.

SDS S. 436 ff.

Meine Erfahrungen mit dieser Übung ...

Schattenthemen erkennen

Woran erkennen wir Schattenthemen?

- Aversionen, insbesondere, wenn diese leidenschaftlich geäußert werden
- Emotionen, die wir anlässlich eines Menschen oder einer Situation haben
- Idealisierung von Einzelpersonen oder Zuständen
- Körpersymptome
- Muster
- Sexuelle Besonderheiten
- Träume mit verdrängten Inhalten: Alle Personen innerhalb eines Traumes sind wir selbst.
- Überreaktionen auf andere Menschen
- Zwangshandlungen

Was ist Schattenarbeit?

In der Schattenarbeit „exkorporieren“ wir den Schatten und machen ihn für den Klienten sicht- und erlebbar. Im Rahmen der Schattenintegration wird der Schatten dann angenommen und dadurch gewandelt[43].

Natürlich ist es wichtig, bevor wir mit der Schattenarbeit beginnen, dass wir eine Atmosphäre geschaffen haben, die frei von Bewertung ist und in der wir uns entspannen können.

Das Gespräch mit dem Schatten

Wir haben ja durch die Seelenreisen die Möglichkeit, unserem Schatten direkt zu begegnen und mit ihm zu kommunizieren: „Wer bist du? Wie bist du dazu geworden, wie du bist? Was ist deine Aufgabe in meinem Leben? Was kann ich für dich tun, damit du in meinem Leben wirken kannst? Was willst du mich lehren?“

SDS S. 457 ff.

---

43 s. dazu Krüger, Andreas, Schatten und Wunder. Die prozessorientierte Schattenarbeit, Verlag Homöopathie und Symbol, Berlin

Der Schattentanz

Der Endless-Wave-Tanz nach Gabrielle Roth

Um mit seinem Körper in Kontakt zu kommen empfiehlt sich vorbereitend eine exzellente CD von Gabrielle Roth mit den Namen „endless wave"[44]. Auf der CD wird der Hörer durch fünf Ur-Rhythmen geführt und dabei mittels der angenehmen Stimme von Gabrielle Roth aufgefordert, seine Hände, seine Hüften, seine Knie, seinen Kopf tanzen zu lassen. Nicht „ich" tanze, sondern meine Hüfte tanzt und der Körper macht mit.

Übung: Legen Sie Trommelmusik auf und lassen einzelne Körperteile durch sie tanzen, bis der ganze Körper durchtanzt ist. Erleben Sie, wie Sie aus der Kopflastigkeit in die Wahrnehmung Ihrer Körperbewusstheit kommen. „Endless Wave" ist eine gute Hinführung zum Schattentanz.

Der Schattentanz

Wählen Sie eine Musik, die Sie als einladend empfinden, um Ihren Schatten zu tanzen. Während die Musik läuft, erlauben Sie Ihrem Schatten, sich in einer Pose durch Sie zu zeigen. Ihr Körper nimmt dabei eine Position, eine Geste, einen Körperausdruck an, der auf die optimale Weise den Schatten widerspiegelt, der gerade in Ihnen aufsteigt. Erlauben Sie diesem Ausdruck voll und ganz von Ihrem Körper Besitz zu ergreifen, egal ob dieser jetzt Ihren Vorstellungen entspricht oder auch nicht. Und dann bewegen Sie sich und erlauben Sie Ihrem verborgenen Schatten sich zu tanzen, ob es Narzissmus ist oder Gewalt, Schuld oder Scham, drücken Sie genau das aus, was sich durch Sie zeigt. Sollte Ihnen indem das Bedürfnis erwachsen, zu stöhnen oder Urlaute von sich zu geben, ist dies in Ordnung. Achten Sie lediglich darauf, dass Sie weder sich selbst noch andere verletzen und die Räumlichkeit unbeschadet lassen und auch nicht zu sexuellen Handlungen greifen. Übertreiben Sie es bis zum Extrem, ziehen Sie Grimassen und dann stoppt die Musik und sie halten plötzlich inne. Spüren Sie Ihre innere Mitte, Ihr ungeformtes, ungeborenes, unendliches Selbst. Erkennen Sie: Das, was sich gerade durch Sie gezeigt hat, ist Ihr Schatten. Umarmen Sie ihn in Gedanken und sagen Sie zu ihm: „Danke, dass du dich durch mich gezeigt hast, so wie du bist. Ich verstehe dich und ich liebe dich, so wie du bist ohne Wenn und Aber. Du bist ich und ich bin du." Beobachten Sie, ob die Wahrnehmung Ihres Schattens sich dadurch verändert. Und dann, wenn wieder die Musik spielt, bitten Sie Ihr *Potential*, genau das Potenzial, das im Schatten verborgen war, sich durch Sie auszudrücken. Nehmen Sie mit Ihrem Körper eine Position, Geste, einen Körperausdruck an, der Ihrem Potenzial entspricht und Selbstachtung verkörpert und tanzen Sie dieses. Wenn die Musik dann aufhört, setzen Sie sich und strecken die Hände aus. In der einen Hand liegt Ihr Schatten, in der ande-

44 Endless Wave Vol.1 von Gabrielle Roth, Audio CD - 2005

ren Ihr Potenzial. Führen Sie beide Hände zusammen zu Ihrem spirituellen Herzen in der Mitte Ihrer Brust und spüren Sie, wie Schatten und Potenzial in Ihrem reinen Sein miteinander verschmelzen.

Nutzen: Mit dem eigenen Schatten spielerisch in Kontakt kommen.

SDS: S. 482 ff.

Die Schatten-Integrations-Aufstellung (SIA)

In dem schamanischen Ritual der SIA (Schatten-Integrations-Aufstellung) wird dem Klienten ermöglicht, den eigenen Schatten anzuschauen, zu lieben, zu umarmen und heimzuholen.

Checkliste: Schatten-Integrations-Aufstellung

1. Testen oder herausfinden: Ist die SIA das richtige Format?
2. Frage an den Klienten: Gegen wen hat der Klient eine leidenschaftliche Aversion? Was an ihm mag er nicht? Welche Eigenschaften von Menschen stört ihn besonders? Vor wem / welchen Eigenschaften hat er Angst? Alternativ: Wie lautet das Ziel des Klienten und welchem Schatten müsste er begegnen, um das Ziel zu erreichen?
3. Den Schatten definieren: „Klient, versuche einen Namen für den Schatten zu finden!“
4. Der Klient wählt eine Person als Stellvertreter für sich und führt diese ins Feld, sagt ihm: „Du bist ...“ (Name des Klienten)
5. Der Klient stellt sich selbst ins Feld und spielt seinen Schatten, den er ablehnt. Der Therapeut weist den Klienten an: „Versuche dich einmal ganz zu öffnen für den Schatten (z. B. das Ekel, der Egoist), du bist der Schatten und nichts anderes!“
6. Der Stellvertreter des Klienten und der Klient als Stellvertreter seines Schattens stehen sich gegenüber.
7. Der Therapeut fragt den Stellvertreter für den Klienten, wie es ihm mit dem Schatten (gespielt vom Klienten) geht und ermuntert ihm zu ihm zu sprechen. Der Schatten wird gebeten, sich so natürlich wie möglich zu verhalten, eben so, wie es ihm als Schatten entspricht und ggf. auch zu antworten, aber es geht nachfolgend vor allem um den Stellvertreter des Klienten.
8. Der Therapeut macht „Schattenübersetzung“, d.h. spricht in der Regel das Gegenteil von dem aus, was der Betreffende – insbesondere der Stellvertreter des Klienten - sagt. Sagt beispielsweise der Stellvertreter des Klienten „komm mir nicht zu nah“, übersetzt dies der Therapeut mit den Worten „komm mir nah“. Ggf. übersetzt ein weiterer Stellvertreter, der sich stets in Sichtweite des Stellvertreters platziert die Gesten, Mimik, Geräusche des Stellvertreters in sein Gegenteil.
9. Die „Übersetzung“ löst oft heftige Abwehr / Gegenreaktion beim Stellvertreter aus. Es ist für den Stellvertreter des Klienten wichtig, diese zu fühlen.

10. Der Therapeut fragt immer wieder nach, übersetzt. Es kann sein, dass der Stellvertreter des Klienten ausrastet, die Aversion der beiden gegeneinander noch heftiger wird, bis irgendwann das „kleine Ich“ kollabiert und aufgibt. Dieses Ansteigen der Spannung muss ertragen, der Raum dafür vom Therapeuten gehalten werden.
11. Manchmal kann es sein, dass die SIA mitten im Prozess blockiert und man nicht weiter kommt. Der Therapeut muss ständig hinspüren, welche Intervention und welche *Ressourcen* notwendig sind, ggf. kann er auch testen oder fragen, was der Klient braucht. Beispielsweise kann es sein, dass Vater / Mutter des Klienten den Klienten stützen müssen oder ihm sagen müssen, dass es in Ordnung ist, so zu sein, wie er ist bzw. seinen Schatten zu nehmen. Manchmal hilft es auch, wenn ein weiterer Stellvertreter für ein homöopathisches Mittel oder eine Ressource, Eigenschaft, ein Ahne, Meister oder Krafttier gewählt wird, welcher den Stellvertreter berührt.
12. Dann auf einmal wandelt sich das Bild und der Stellvertreter öffnet sich dem Schatten. Irgendwann ist die Zeit reif für eine Schatten-Integration, d.h. ein Einanderanschauen, letztendlich ein Umarmen von Stellvertreter und Schatten. Der Therapeut kann auch den Stellvertreter oder das Wunder fragen, was der Stellvertreter / das System braucht
13. Irgendwann ist der Schatten genommen, er wandelt sich, wird zu etwas Gutem. Es bewahrt sich die Hellinger-Weisheit: „Böses ist nicht geehrtes Gutes!“
14. Beendet ist die SIA, indem der Klient seinem Schatten begegnet, es ihn in die Arme schließt.

Alternative: Auch der Schatten wird durch einen Stellvertreter dargestellt. Dies ist dann gegeben, wenn der Klient gegenwärtig nicht die Ressourcen, den Mut oder die Lust hat, um seinen Schatten voll auszuleben. In dem Fall findet nach der SIA die Augenübertragung statt: Der Klient nimmt aus den Augen des Stellvertreters all das auf, was dieser für ihn erledigt hat.

Wichtig ist es, sich genug Zeit zu lassen und die Aussagen und auch die Übersetzungen tief auf sich wirken zu lassen. Übersetzt wird stets der Stellvertreter, denn in diesem soll ja die Wandlung vollzogen werden. Der Klient selbst hat das „Vergnügen“ bei der SIA ungehemmt seinen Schatten zeigen bzw. ausleben zu dürfen. In der Regel durchläuft der Prozess der SIA folgende vier Stufen:

I. (Nicht) in die Pötte kommen: Man steht voreinander - beäugt sich – oder auch nicht. In dieser Phase ist es am besten hinzuschauen, den Mund offen zu halten, frei zu atmen und hinzuspüren.

II. Kampf: Die Aversionen kommen hoch, Schatten wird in Licht übersetzt, Verdrängtes steigt auf und führt zu Emotionen. Irgendwann kollabiert es.

III. Der Kampf ist vorbei: Der Stellvertreter des Klienten hat keine Aversionen mehr gegen die Schatten, er hat sich ausgekocht. Es ist ein Moment der tiefen Stille, der „Schwebung" in der auch der Therapeut nicht weiter übersetzt, sondern die Magie der Aufstellung geschehen lässt.

IV. Die Umarmung und Integration der beiden: In dieser Phase ist es wichtig, die Verschmelzung der Energien auch wirklich energetisch zu spüren!!!

SIA als Zielannäherung

Die SIA ist auch geeignet, wenn ein Klient in einer Aufstellung ein Ziel hat, aber die Erreichung des Zieles nicht realisierbar scheint oder schon mehrere Aufstellungen gemacht wurden, ohne dass der Klient seinem Ziel näher kommen konnte. Fragen wir uns: „Was gibt es am Ziel des Klienten, das so negativ besetzt ist, dass er wegen dieser Negativbesetzung sein Ziel nicht nehmen kann?" Es gibt keine Schattenanteile, hinter denen nicht eine nicht genommene Ressource steht. Böses ist fast immer nicht geehrtes und nicht angenommenes Gutes.

Erfahrungen: Es ist oft spannend und unerwartet für den Klienten, wie es sich anfühlt, sein eigener Schatten zu sein und was er als Schatten sagt. Die Übersetzung wirkt wie ein Sinuszeichen bei der Wasserübertragung. Das Urteil gegen den Schatten ist das Mäuerchen, das durch das Übersetzen weggeräumt wird. Der Klient hat (erstmals) die Möglichkeit, seinen Schatten voll ausleben zu dürfen. Die meisten Teilnehmer erleben die SIA als sehr energetisch. Wichtig für den Therapeuten ist es, sich nicht aus der Ruhe bringen zu lassen und ggf. Ressourcen hinzuzufügen, damit die Schattenintegration gelingt.

Lernerfolg: Durch Exkorporation den eigenen Schatten konkret machen und sich als solchen erleben. Mit dem eigenen Schatten umgehen lernen.

Nutzen: Der Widerstand und die Verdrängung weichen einer Integration des Schattens. Neues Potenzial wird verfügbar.

SDS: S. 486 ff.

Schattenarbeit und Wasserübertragung

Ergänzend zur SIA und auch im Alltag, falls wir gerade keine Aufstellung machen können, gibt es eine sehr einfache Technik, um auftretende Schattenthemen zu verwandeln, nämlich die Wasserübertragung[45] verbunden mit der Formel: „Mein innerer …" Hierbei verbinden wir den Namen des Menschen, der unseren Schatten triggert mit der Eigenschaft, die uns nervt und malen ein Sinuszeichen darüber. Wir schreiben also auf

45 Die Wasserübertragungasmethode ist a.a. O. bereits mit Bild erwähnt.

unseren Zettel: „Mein innerer Politiker und seine Korruption! Mein innerer Neonazi und seine Gewaltbereitschaft! Mein innerer Partner und sein Unverständnis!“ Oder wer und was uns gerade nervt.

Und dann malen wir auf diesen Zettel ein Umkehrzeichen (Sinus, Ein-Strich-Sinus oder Zwei-Strich-Sinus) drüber und machen damit die Wasserübertragung: Lassen Sie den Klienten den Zettel mit dem Schatten-Begriff oder Satz incl. Umkehrzeichen in der linken Hand halten und ein Glas Wasser in der rechten Hand. Bitten Sie den Klienten drei Minuten auf den Zettel mit dem Zeichen zu schauen und danach das so mittels Wasserübertragung informierte Wasser zu trinken. Regen Sie ihn an, die Wasserübertragung in den nächsten Tagen regelmäßig zu vollziehen. Dadurch wird der Schatten im Körperenergiesystem des Klienten gelöst, so dass er (möglicherweise bis zur nächsten Sitzung bei Ihnen) offen und verfügbar für das Wunder wird. Wie oft und wie lange die Umkehrinformation zu verwenden ist, ist individuell verschieden[46].

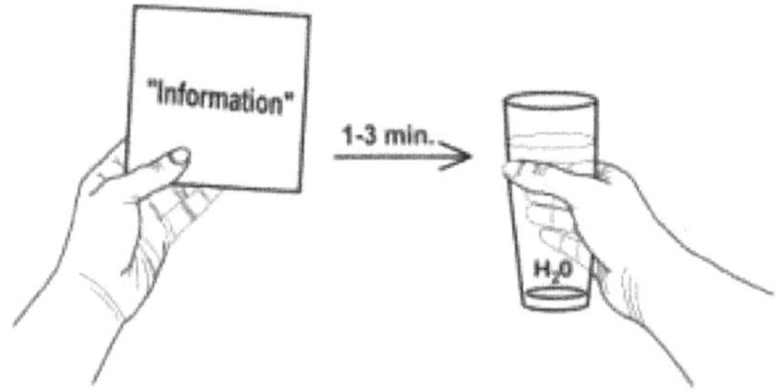

Es ist wichtig, dass der Klient die Wasserübertragung täglich und regelmäßig macht. Nach unseren Erfahrungen sind 21 Tage ein guter Zeitraum für eine Veränderung. Wir sollten nicht die Wasserübertragung frühzeitig abbrechen, denn unsere Zellprogramme verändern sich am besten durch regelmäßige Anwendung.

46 s. dazu Bassols Rheinfelder / Becker, Heilen mit Zeichen, Nymphenburger Verlag, 2009

Akute Selbst-Hilfe

Wir können uns gerade im Alltag sehr schnell helfen, indem wir, wann immer wir irgendwo „getriggert“ sind, dass wir ganz bewusst innerlich die Gefühle und das Urteil, das wir sowieso haben total erlauben, dabei aber voll bewusst bleiben, so dass wir an dieses Wort kommen, das in uns getriggert ist. Wir spüren also ganz bewusst, was wir dem anderen vorwerfen und schreiben einen Zettel: Mein innerer … (Name des anderen) und sein … (negative Eigenschaft). In Akutfällen hilft es sogar, wenn wir uns alleine nur *vorstellen*, dass wir die Wasserübertragung machen und dabei dieses Heilwasser trinken.

SDS: S. 493 ff.

Die Ikonenaufstellung

1. Der Therapeut fragt den Klienten, was ihn belastet, bzw. was sein Anliegen ist.
2. Anschließend stellt er die „Wunderfrage". Das Wunder erhält einen kurzen, präzisen Namen wie z. B. „Lebensfreude", „Vitalität", „Befreiung", „Erfüllung" oder Ähnliches.
3. Der Therapeut wählt einen Stellvertreter für den Klienten, für das Wunder und alle anderen beteiligten Fokusse aus und führt sie mit dreifach gesammelter Aufmerksamkeit ins Feld.
4. Der Therapeut lässt die Fokuspersonen sich im Feld frei bewegen.
5. Das Wunder gibt immer wieder Zwischenmeldung über den Grad der Realisierung (von minus 10 bis plus 10).
6. Der Therapeut betrachtet das Feld, ordnet es, führt ggf. weitere Personen, Krafttiere, Ressourcen hinzu.
7. Der Therapeut interveniert, bis das Wunder bei einem Wert von plus 10 ist.
8. Der Therapeut sucht die Rubriken für die Homöopathischen Mittel aus, lässt die Mittel austesten bzw. wählt diese selbst aus und wählt Einzelpersonen aus dem Publikum, welche diese Mittel repräsentieren.
9. Der Stellvertreter des Klienten und das Wunder stehen sich gegenüber, rechts und links steht ein Spalier von Fokuspersonen für die eventuell benötigten homöopathischen Mittel (Wunder-Annäherungsreihe).
10. Der Stellvertreter geht auf das Wunder zu, nimmt sich intuitiv noch Mittel rechts und links mit auf den Weg, umarmt das Wunder und verschmilzt mit ihm.
11. Der Therapeut lässt die Potenz, Häufigkeit der Einnahme und Einnahmedauer eventueller Mittel testen bzw. channelt diese intuitiv.
12. Der Klient selbst wird ins Feld geführt, schaut seinem Stellvertreter in die Augen und entnimmt dem „Augenblick" alles, was der Stellvertreter für ihn erledigt hat und umarmt das Wunder, verschmilzt mit ihm
13. Alle Teilnehmer und das Publikum stehen auf und machen die „Entrollungsübung".
14. Der Klient erhält einen Zettel mit dem einzunehmenden Mittel, Dauer, Potenzierung, Häufigkeit der Einnahme.

Sinn, Nutzen, Lernerfolg: Ein Universalwerkzeug für Aufstellungsthemen.

SDS: S. 549 ff.

Homöopathische Mittel im Rahmen einer Ikone

Wir können im Rahmen einer Aufstellung homöopathische Mittel nicht nur, wie bei uns üblich, gegen Ende der Aufstellung z.B. im Rahmen der Wunderannäherungsreihe einsetzen, sondern diese auch ins Feld geben. In Berlin unterrichten die Dozenten der Samuel-Hahnemann-Schule[47], in Bayern der Homöopathie-Lehrer Alfons Pollak[48] die näheren Zusammenhänge zwischen Aufstellungsthemen und Homöopathie. Hier einige Beispiele[49]:

- Aurum: Bei „Papa ich folge dir nach", „Papa lieber ich als du"; arm aus Loyalität zum Vater
- Causticum: Klient übernimmt Lasten für andere im System; will partout nicht böse sein, schweres Leid / Kummer wird klaglos ertragen; engagiert sich für alles, nur nicht für sich selbst
- Ferrum: Für gefallene, nicht geehrte Krieger (dem Feld geben)
- Ignatia: Kummer für den Verlust geliebter Menschen, aber hysterischer, schreiender als bei Natrium Muriaticum; wenn Stellvertreter zu instabil ist / sind, um weiterarbeiten zu können
- Lac Caninum: Die Mutter hat den Zugang zum Vater verbaut, indem sie schlecht über ihn sprach; Minderwertigkeitsgefühle; man steht an einer Position, die man nie erfüllen kann; wenn der Satz „Papa du hast mir so gefehlt" nicht gesagt werden kann. Auch bei: unterbrochener Hinbewegung.
- Lac Lupi: Wenn „Böses" integriert werden muss, z. B. wenn der Großvater bei der SS war.
- Lycopodium: Der Satz „Ihr seid die Großen und ich bin der Kleine" kann nicht gesagt werden, weil der Klient nicht der Kleine sein möchte und auf seiner Überlegenheit gegenüber den Eltern beharrt. Der Elternteil, der anzunehmen ist wurde vom anderen Elternteil als schwach hingestellt.
- Medorrhinum: Die Mutter lehnte den Vater ab, weil er zu laut, zu sexuell aktiv war. Unterscheiden wir die Botschaften: Lycopodium: Die Mutter sagt, der Vater sei schwach. Medhorrhinum: Die Mutter sagt, der Vater sei schlecht.
- Natrium Muriaticum: Kummer für den Verlust geliebter Menschen; „Warum habt ihr mir das angetan?"; Widerstand das Leid loszulassen und sich der Lösung zuzuwenden.

---

47 http://www.fdhshsberlin.de/
48 Alfons Pollak, Kreittmayrstr. 32, 80335 München, Tel. 089-12789898
49 Kurzfassung aus: Andreas Krüger / Jens Brambach in: Das Feld der Ähnlichkeiten: Systemaufstellungen und Homöopathie von Friedrich Wiest und Matthias Varga von Kibéd von Carl-Auer-Systeme, 2005, S. 173 ff.

- Opium: Wenn ein schreckliches Familienereignis zu Teilnahmslosigkeit und Starre führte.
- Platin: Kind (Klient) blickt auf die Eltern herab; ist kalt, unnahbar, schwer erreichbar. Hochmut.
- Pulsatilla: Wenn der Fluss der weiblichen Linie unterbrochen ist.
- Rose: Bei Opfern von sexuellem Missbrauch.
- Stramonium: Wenn etwas ganz Schreckliches, das an den Rand des Wahnsinns führte vorgefallen ist; es würde den Stellvertreter zerreißen, wenn er in das Gefühl hineingehen würde.
- Torf: Wenn der Einzelne (Klient) nichts zählt und deshalb seinen rechtmäßigen Platz freigibt.

SDS S. 526 ff.

Die Symptomaufstellung

Die Symptomaufstellung ist eine Unterform der klassischen Ikonenaufstellung.

Wie wir inzwischen wissen, haben zahlreiche körperliche Erkrankungen systemische Hintergründe. Mit Hilfe systemischer Aufstellungen können wir eine Krankheit, ein Symptom und auch ein Heilmittel (z. B. aus der Homöopathie) aufstellen und so erkennen, was sich hinter der Krankheit verbirgt. Oftmals sind wir überrascht, welche kreative Intelligenz sich hinter einem Symptom verbirgt.

Im Rahmen der Aufstellungen „Ikonen der Seele" wird die Symptomaufstellung von Andreas Krüger und seinen Schülern bereits seit Jahren praktiziert. Hierbei wird das Symptom aufgestellt und ggf. ergänzt durch die Faktoren, die sich lt. Checkliste als wichtig erwiesen haben. Ansonsten wird auch die Symptomaufstellung wunderorientiert gehalten, d. h. Ablauf wie bei einer normalen Ikone incl. Mittelaufstellung bei der Wunderannäherung. Besonders spannend ist es, Symptomaufstellungen mit dem Avatäterbewusstsein ATA (s. gegen Buchende) zu verbinden. In der Erkenntnis, dass man selbst das Symptom kreiert hat, verbirgt sich bereits der Schlüssel zur Heilung.

Mögliche Themen, die in die Symptomaufstellung integriert werden können, sind:

- Abtreibungen, eigene, die eines (früheren) Partners oder eines Sippenmitgliedes
- Ausgrenzung des Klienten oder von anderen Personen aus dem Sippenverband
- Bindungsverlust / Bindungsverunsicherung als Krankheit
- Bußwunsch; Wunsch nach Sühne
- Eingeschränkte emotionale Verfügbarkeit oder emotionale Überwältigung seitens der Eltern
- Entsprechung des Symptoms (innen wie außen)
- Erbkrankheiten, z.B. syphilitische Erkrankungen
- Familiäre Verstrickungen, Identifikation mit einem Familienmitglied oder Elternteil
- Familiensystem-Trauma
- Funktion des Symptoms (ATA-Technisch)
- Identifikation mit einem früheren Partner der Eltern
- Inzest
- Isolation: Frühe Trennung, Tod, Krankheit, Belastung eines Elternteils oder Familienmitgliedes
- Kollektivschuld: Identifiziert man sich mit der Schuld einem Kollektiv anzugehören, z. B. ein Deutscher zu sein?
- Nein zum Leben und deren Ursache (und als eigene Stellvertreter)

- Opfer-Identifikation; hier muss man fragen: Wer war denn das Opfer in der Familie / im näheren Umfeld?
- Organspende: Trägt man fremde Organe in sich, die Informationen aussenden könnten?
- Sippenbelastung, z. B. wenn viele in der Sippe sich als Opfer fühlten
- Täter-Identifikation; gibt es ein Täter-Introjekt oder identifiziert man sich mit einem Täter aus der Sippe, ist solidarisch mit ihm?
- Tote: Gibt es Anhaftungen an Verstorbene, einen verstorbenen Zwilling?
- Trauma vor, bei oder während der Geburt oder Trauma eines Familienmitglieds
- Überlebensschuld (wenn ein Familienmitglied umgekommen ist, z.B. im KZ)
- Unterbrochene Hinbewegung als Krankheitsursache
- Verfluchungen gegenüber dem Klienten oder einem Sippenmitglied. Hier hilft u. a. das Aloha-Gruppenerlösungsgebet um Vergebung: „Aloha, göttlicher Schöpfer, Vater, Mutter und Kind in einem. Wenn meine Familie, meine Verwandten oder meine Vorfahren jemanden beleidigt, verletzt oder in unwürdiger Weise behandelt haben, oder dessen Familie, dessen Verwandten oder dessen Vorfahren in Worten, Verhalten oder Taten vom Anbeginn der Schöpfung bis zum heutigen Tag, dann bitten wir hiermit um Vergebung. Lass dieses Gebet Reinigung und Auflösung sein von allen schlechten Gefühlen, Erinnerungen, Blockaden, Energien und Vibrationen und verwandle all diese unerwünschten Energien in reines Licht. So ist es und so soll es sein, heute und für immer. Amama! (Amen)" [50]
- Verheimlichung: gab es Familiengeheimnisse? Diese kosten nicht nur Kraft, sondern lösen Manifestationen aus, damit sie sichtbar werden.

Mittlerweile gibt es umfangreiche Fachliteratur zur Symptomaufstellung[51]. SDS S. 551 ff.

---

50 Quelle: www.hunaseite.info, Ho'oponopono - Die Macht der Vergebung

51 Ergänzende Fachliteratur: Bert Hellinger, Wo Schicksal wirkt und Demut heilt: Ein Kurs für Kranke (Carl-Auer-Verlag, 2001) ; Bert Hellinger, Was in Familien krank macht und heilt von Carl-Auer-Systeme Verlag (Gebundene Ausgabe – 2000) Bert Hellinger, Schicksalsbindungen bei Krebs. Ein Kurs für Betroffene, ihre Angehörigen und Therapeuten von Carl-Auer-Systeme (Gebundene Ausgabe - 2004). Was ist nur los mit mir? Krankheitssymptome und Familienstellen von Ilse Kutschera und Christine Schäffler von Kösel-Verlag (Gebundene Ausgabe - 12. September 2002). Stephan Hausner, Auch wenn es mich das Leben kostet, Carl-Auer-Verlag, 2008, mit vielen Fallbeispielen (sehr empfehlenswert)

Die Verbeugung vor dem Schicksal

Die Verbeugung vor dem Schicksal hilft dem Klienten immer dann, wenn er mit seinem Schicksal hadert oder in seinem Leben nicht weiter weiß. Ob es sich um Ambivalenzen handelt oder um vergangene Entscheidungen, die man bereut, um Schuldgefühle oder andere Ereignisse oder Themen, mit denen der Klient in Unfrieden ist. Die Verbeugung vor dem Schicksal bringt den ersehnten Frieden und den ersehnten Segen für das eigene Leben.

Übung:

1. Es wird ein Stellvertreter für das Schicksal gewählt. Dieser stellt sich auf einen Stuhl in der Mitte des Feldes. Dadurch wird symbolisiert, dass es sich um etwas Höheres, eine Gottheit handelt.
2. Der Klient (oder sein Stellvertreter) stellt sich vor das Schicksal, verbeugt sich vor ihm und sagt: „Ich gebe dir die Ehre!“
3. Das Schicksal segnet den Klienten und sagt einen Satz, z.B. „und alle Schuld ist genommen“.

Alternativen:

- Statt dem Schicksal kann auch „die Muse“, „Gott / die Göttin“, „die Anima / der Animus“, „die Bestimmung“ oder eine andere Gottheit aufgestellt werden.
- Die Ehrung von „dem Krieg“ oder einer speziellen Krankheit z. B. „der Syphilis“ befreit davon, zum Opfer dieser Kraft zu werden.

SDS S. 554 ff.

Die Nachnährung

Bei der Nachnährung repräsentieren unter Anleitung des Therapeuten zwei Stellvertreter „den idealen Vater" und „die ideale Mutter" des Klienten und geben dem Klienten alles, was er als Kind gebraucht hätte, aber aufgrund der damaligen Umstände nicht erhalten konnte.

- Zu Beginn führt der Therapeut ein Interview und erkundigt sich, welche besonderen Themen / Anliegen es seitens der Klienten in der Kindheit gab: Wie war seine Kindheit? Worunter hatte er gelitten? Was hätte er sich von seinen Eltern gewünscht?
- Dann gehen der Therapeut, die beiden Stellvertreter und der Klient in eine geführte Trance. Der Therapeut suggeriert dem Klienten, er möge sich eine Zeitlinie vorstellen und imaginieren, wie er auf der Zeitlinie immer mehr in Richtung Vergangenheit schwebt, bis er in seiner Kindheit angekommen ist und noch einmal die Bilder und Gefühle von damals erlebt.
- Nun öffnen alle die Augen und der Klient spürt in sich hinein, was er sich von seinen idealen Eltern wünscht. Dies können völlig andere Dinge sein, als er sich vorgestellt hat, Aussagen seiner Eltern wie: *„Wir nehmen dich an, so wie du bist! Wir streiten nicht mehr und gehen jetzt liebevoll miteinander um! Wir lassen dich nie mehr alleine! Es ist okay, dass du den Paps / die Mama gut findest!"*[52]
- Erfahrene Ersatzeltern spüren in der Regel, welche Formulierung am heilsamsten den Klienten berühren. Die Sätze sollten so einfach sein, dass ein kleines Kind sie verstehen kann und möglichst wie ein Mantra immer wieder einfühlsam und subcutan (unter die Haut gehend wiederholt werden.
- Während die Nachnährung geschieht, liegt der Klient (wenn er will) im Arm von Ersatz-Vater / -Mutter oder beiden, hat die Augen geschlossen und lässt die heilsamen Sätze auf sich wirken. Es ist hilfreich, wenn die Stellvertreter mit ihren Aussagen gleichzeitig realistisch bleiben. Auf den Vorwurf, warum sie sich nicht genug um einen gekümmert haben, können sie zum Beispiel sagen: *„Dass wir uns damals nicht kümmern konnten, tut uns leid, aber jetzt sind wir für dich da!"* Dadurch ist die neue Aussage „anschlussfähig" an die bisherige Realität des Klienten. Es ist wichtig, dass die Ersatzeltern nicht diskutieren, nicht intellektuell werden, sondern in einer Sprache und Form bleiben, die ein kleines Kind versteht. Auch Wünsche wie ein Gutenachtlied singen, im Arm halten oder dem Kind (also dem Klienten) zu versprechen, ganz viel mit ihm zu spielen, sollten bejaht werden und helfen dem Klienten, seinen inneren Film neu zu sortieren.

52 weitere Formulierungen befinden sich im Hauptbuch

- Die Nachnährung ist erst beendet, wenn der Klient bekundet, dass er von seinen „Ersatzeltern" alles bekommen hat, was er braucht, damit er seelisch satt ist. Dann lässt man ihn noch einige Zeit alleine, in eine Decke eingehüllt liegen und führt ihn langsam wieder zurück in sein aktuelles Lebensalter.

Die Engelnachnährung

Diese ist eine Sonderform der Nachnährung. Hierbei erhält der Klient statt Ersatzeltern einen Engel, der ihm all das Gute sagt, das der Klient braucht.

Nachnährung eines inneren unterversorgten Anteils

Auch unterversorgte Aspekte unserer Seele können durch Nachnährung aufgetankt werden.

Checkliste:

- Was ist deine Botschaft?
- Wo sitzt du im Körper?
- Wann bist du entstanden?
- Was hättest du damals gebraucht?
- Imagination und Bejahung des idealen Films (mentales Umerleben)!
- Heimholung dieses Anteils und Verankerung im Herzen.

Wie bereits erwähnt: Wenn zugleich eine Ikone und eine Nachnährung anstehen, wird die Nachnährung in der Regel VOR der Ikone aufgestellt. Dadurch, dass der Klient bereits nachgenährt ist, profitiert er in größerem Ausmaß von der nachfolgenden Ikone.

Übung: Notieren Sie, was Sie sich idealerweise von Ihrer Mutter / Ihrem Vater gewünscht hätten. Was, glauben Sie, hätte damals geschehen müssen, damit es Ihnen heute besser ginge, damit Sie heute offener für das Leben wären? Und vor allem: Was hätten Ihre Eltern sagen müssen? Dann imaginieren Sie, dass Sie wieder das kleine Kind von einst sind. Lassen Sie Ihre „Eltern" all das sagen und tun, was Sie sich damals gewünscht hätten, und stellen Sie sich vor, dass Sie all dies damals erhalten hätten. Falls Sie keine lebenden Fokuspersonen im Rahmen einer Nachnährung haben, kann auch ein Foto mit Ihren Eltern aus Ihrer Kindheit als Anker für die Imagination dienen.

Erfahrungen: Fast alle Klienten erleben die Nachnährung als sehr unterstützend. Oftmals ist es überraschend und anders als erwartet, was genau in der Kindheit gefehlt hatte. Es ist wichtig, dass der Klient nicht „in den Kopf geht", sondern sich von seinem Gefühl leiten lässt.

Lernerfolg: Lernen andere nachzunähren und sich selbst nachnähren zulassen.

Nutzen: Auflösung alter Mangelprogramme. Man erwartet beispielsweise nicht mehr vom Partner oder vom Vorgesetzten das zu bekommen, was einem als Kind gefehlt hat. Neuprogrammierung der Zellen von Mangel auf Fülle.

Die Aufstellung hilfreiche Ahnen (AHA)

Diese Aufstellung wurde frei nach einem Format von Daan van Kampenhout53 abgeleitet. Sie ist insbesondere dann hilfreich, wenn nahezu die ganze Sippe sich als Opfer dargestellt hatte und der Klient deshalb als Nachfolge (aus Liebe zur Sippe) auf sein eigenes Glück verzichtet und als Opfer lebt. Opfertum ist eine intelligente Schutzschöpfung, denn wer Opfer ist bekommt gesellschaftliche Anerkennung, hat Ausreden, kann seine wahren Ansichten verbergen ...

Vorgehensweise:

1. Rechts vor dem Klienten stehen alle Opfer der Sippe, denen der Klient nachfolgt. Diese können einzeln und handverlesen vom Klienten ausgewählt sein (du bist der Onkel, der das Opfer ist, du die Tante usw.) oder auch im Schnellverfahren als Gruppe.
2. Links vor dem Klienten stehen die freien Urahnen aus den Urzeiten, die noch frei von dem Problem waren, d. h. die z. B. keine Opfer waren, eine erfüllte Sexualität hatten, glücklich und erfüllt lebten usw.
3. Klient spricht zu den Opfer-Ahnen: „Ich ehre euer Opfertum. Ich bin euch gefolgt, treu und intelligent. Bis jetzt war ich euch treu und ebenfalls Opfer. Aber jetzt soll es damit genug sein. Ich lasse mein Opferdasein los."
4. Während der Aufstellungsleiter trommelt und singt, gehen die freien Ahnen zu den Opfer-Ahnen und kümmern sich um sie, ggf. holen Sie sie aus der Opferrolle. Der Klient steht vor ihnen und sieht, dass sich um die Opfer-Ahnen gekümmert wird und dass diese versorgt werden und er deshalb sich nicht länger aufopfern muss.
5. Der Klient geht zu den Opfer-Ahnen und gibt ihnen alles ab, was er bisher für sie getragen oder gelebt hatte, so dass er frei und von der Opfer-Nachfolge gelöst ist.
6. Der Klient schaut noch einmal zu den gesamten Ahnen und sieht, dass diese versorgt sind und sagt einen Lösungssatz, der ihn aus der Opferhaltung entbindet.

Erfahrungen: Die Energie der (kollektiven) Befreiung wird leibhaftig und spürbar erlebt.

Lernerfolg: Negative Nachfolge mit Hilfe positiver Ahnenkräfte auflösen.

Nutzen: Befreiung vom Opferdasein und der Opferidentität.

SDS. S: 554 ff.

---

[53] Literaturhinweis: Kampenhout, Daan van, Die Heilung kommt von außerhalb: Schamanismus und Familien-Stellen, Carl-Auer Verlag, Mai 2008

Die Dankesaufstellung

1. Der Klient benennt alle Personen, zu denen er eine positive oder negative Ladung hat, insbesondere, die

   Ihm etwas besonderes Gutes getan haben,

   ihm Leid angetan haben,

   denen er Leid zugefügt hat,

   denen er Gutes tun durfte.

   Zudem alle Sabotageprogramme und Schutzschöpfungen

2. Die Stellvertreter dafür werden vom Klienten oder dem Aufstellungsleiter ins Feld geführt; sie stehen alle im Kreis.

3. Der Aufstellungsleiter beginnt zu trommeln und singt dabei immer wieder das Wort „danke".

4. Der Klient ist innerhalb des Kreises und wendet sich der ersten Person zu. Der Stellvertreter sagt, wer er ist und der Klient bedankt sich tief und aufrichtig bei ihm. Er achtet darauf, dass dieser Dank wirklich zu einer herzberührenden Begegnung wird, wiederholt selbst das Wort „danke" (ohne weiteren Kommentar) und verabschiedet sich mit einer tiefen Umarmung bei ihm.

5. Dann geht der Klient weiter zum Nächsten, reihum, bis er sich bei allen bedankt hat.

Tipp: Während der Klient die Dankesaufstellung macht, können die beobachtenden Teilnehmer an der wunderbaren Energie der Dankesaufstellung partizipieren, indem sie sich vorstellen, dass sie selbst sich bei ihren eigenen Mitmenschen bedanken und der Klient quasi als Fokusperson für sie diesen Dank vollzieht.

Varianten: Das Format der Dankesaufstellung kann auch eingesetzt werden, mit den anderen erlösenden Qualitäten, die statt dem „Danke" gesagt werden, z. B. „Frieden, Frieden" oder „Radikale Vergebung".

Erfahrungen: Einige Teilnehmer empfinden während ihrer Dankesaufstellung, dass freie, liebende, dankbare Energie durch ihren Körper und durch alle Poren fließt.

Lernerfolg: Die Dankesaufstellung ist eine der kraftvollsten Aufstellungsformate, die wir kennen, wenn es darum geht, positive Energie zu generieren. Sie ist sehr einfach durchzuführen.

Nutzen: Dank macht Gutes noch besser und wandelt Schlechtes in Gutes. Er löscht insbesondere Vorhaltungen und öffnet das Herz. Dankbarkeit macht eine Perlmutthaut – an Perlmutt perlen alle Anhaftungen ab. Dies wird durch die Dankesaufstellung leibhaftig erlebt.

SDS S. 566 ff.

Die Ho´oponopono-Aufstellung

von Klaus Jürgen Becker

1. Machen Sie sich etwas bewusst, was Sie gerade stört, blockiert oder belastet. Das kann ein Bereich in Ihrer beruflichen oder privaten Beziehung sein oder auch ein allgemeines Thema wie Schweinegrippe oder Finanzkrise. Erstellen Sie eine Liste über all diese Punkte.
2. Nehmen Sie diese Punkte nach innen durch die Formel „ich bin, dass …". Aus „mich stört, dass mein Partner dominant ist" wird „ich bin, dass mein Partner dominant ist!" Aus „mich ärgert, dass die Pharmakonzerne korrupt sind" wird „ich bin, dass die Pharmakonzerne korrupt sind" Aus „ich fühle mich unwürdig" wird „ich bin, dass ich mich unwürdig fühle" usw.[54]
3. Nun wählen Sie Stellvertreter für all diese Projektionen und stellen Sie diese im Halbkreis vor sich hin. Die Stellvertreter fühlen sich in die jeweiligen Rollen ein und nehmen die entsprechende Identität an, also z. B. „ich bin korrupt", „ich bin unwürdig", „ich bin impotent" oder was auch immer und nehmen ggf. auch die entsprechende Haltung / Gestik ein.
4. Der Klient geht selbst ins Feld und nähert sich dem ersten Stellvertreter. Der erste Stellvertreter offenbart sich dem Klienten, wer er ist „z.B. ich bin korrupt". Der Klient sagt zu dem ersten Stellvertreter „es tut mir leid und ich liebe dich". Der Stellvertreter fühlt sich ein, ob dieser Satz etwas bei ihm ändert. Falls nicht, wiederholt der Klient diesen Satz, diesmal tiefer, ernsthafter, inniger. Falls sich dadurch nichts ändert, sagt der Stellvertreter, was er vom Klienten braucht, damit er sich wandeln kann.
5. Wenn die Intervention des Klienten etwas bei dem Stellvertreter verändert hat, sagt dieser, wie er sich nun erlebt, z.B. „ich bin jetzt die Ehrlichkeit", „ich fühle mich würdig" usw., geht auf den Klienten zu, umarmt ihn und stellt sich dabei vor, dass seine positive Energie in den Klienten einströmt (wie bei dem Format TOA) und stellt sich dann hinter den Klienten.
6. So verfährt der Klient mit einem Stellvertreter nach dem anderen, bis diese allesamt im Halbkreis hinter dem Klienten stehen.
7. Ist auch der letzte Stellvertreter gewandelt, gruppieren sich die Stellvertreter um den Klienten im Kreis und geben einen Ton der Fülle von sich, den der Klient in sich aufnimmt, z.B. Ohm, Summen o. ä.

Erfahrungen: Die Teilnehmer erkennen im Spiegel der Stellvertreter, welche innere Haltung ihnen hilft, ungelöste Energien zu transformieren.

---

54 Detailinformationen zu der Formulierung „ich bin, dass …" finden Sie im Buch von Becker, Klaus Jürgen, „Die Kraft der Selbstverantwortung", RiWei-Verlag, 2009

Lernerfolg: Der Teilnehmer erfährt durch die Aufstellung, wie er seine Projektionen zurücknehmen und Selbstverantwortung für seine Schöpfung übernehmen kann.

Nutzen: Transformationskräfte entfalten.

SDS: S. 556 ff.

Die freie Aufstellung

Hierbei handelt es sich um ein schamanisches Format.

- Ein Stellvertreter für den Klienten oder das Thema wird aufgestellt.
- Weitere Stellvertreter, für Aspekte, die das Aufstellungsthema berühren, werden vom Therapeuten ausgesucht und ebenfalls aufgestellt.
- Dann singt und trommelt der Therapeut und die Stellvertreter im Feld fühlen sich in ihre Rolle ein und bewegen sich frei, so wie sie es als zur Rolle gehörig empfinden.
- Ggf. gehen Beobachter aus dem Teilnehmerkreis ins Feld und identifizieren sich mit weiteren Aspekten und nehmen diese Rolle ein.
- Der Therapeut trommelt und singt weiter ohne konkrete Anweisungen zu geben.
- Die Aufstellung ist beendet, wenn die Energien im Feld ihren natürlichen Endpunkt gefunden haben. Dieser zeigt sich oftmals in einer Lösung oder einem Finalbild.

Erfahrungen: Wir haben die freien Aufstellungen als sehr kraftvoll erlebt, sowohl für Einzelpersonen, Betriebe wie auch für Paare. Offenbar steuert und koordiniert das wissende Feld den gesamten Prozess auf höchst intelligente Weise, während der Aufstellungsleiter lediglich präsent ist und darauf achtet, dass die Regeln (keine sexuellen Handlungen, keine Gewalt) beachtet werden.

SDS S. 568 ff.

____

____

____

____

____

Die AvaTÄTERische- Seelenhaltungs-Arbeit (ATA)

Nach Andreas Krüger

Der Klient berichtet sein Thema.

Der Therapeut stellt drei hilfreiche Fragen:

1. Was gilt es zu lernen?
   KJB: Ggf. ergänzend das Lernthema mit Ypsilon / Umkehrzeichen auf Wasser trinken. Ist das Lernthema unbekannt, kann dieses mit Hilfe von EFT / EMDR freigelegt werden: „Auch wenn ich nicht weiß, was ich zu lernen habe, akzeptiere ich mich vollständig!"

2. Welcher Schatten wird durch das Symptom / die Schutzschöpfung verhindert? Annahme, Integration und Korrektur des Schattens[55]. Dadurch werden die hinter dem Schatten verborgenen bzw. an den Schatten gebundenen Ressourcen frei verfügbar.

3. Was befürchte ich, könnte passieren, wenn das Symptom / die Schutzschöpfung nicht mehr da wäre? Bzw.: Welche gute Absicht liegt in dem Symptom / der Schutzschöpfung?

   - Was wäre das Schlimmste, was passieren könnte[56]?
   - Immer wieder nachfragen, bis der Klient das Schlimmste gesagt hat und fühlt.
   - Im Prozess klopft der Klient ständig mit überkreuzten Armen auf die Oberarme, um Blockaden zu lösen[57]gleichzeitig oder abwechselnd, bis es sich verändert. Der Therapeut rasselt für den Klienten und sagt „korrigiere, korrigiere" oder „Sinus korrigiere" bzw. „Ypsilon korrigiere".

---

55 z. B. durch Ho´oponopono, Ypsilonwort oder QCM. Ggf. stelle ein Bild oder Foto des Schattens auf, davor ein kleines eigenes Bild und „korrigiere, korrigiere" – Beispiel: Nehmen wir an, du hast eine Hemmung, frei vor Leuten zu sprechen und dein Glaubenssatz/Schatten ist: Sollte ich frei vor Menschen sprechen können, dann besteht die Gefahr, dass ich ein Demagoge werde wie z. B. Goebbels. In dem Fall stelle ein Foto von Goebbels auf, davor ein kleines Passfoto von dir und sage jedesmal, wenn du auf die beiden Bilder schaust „korrigiere, korrigiere". Dadurch löst sich die Wahnidee, ein zweiter Goebbels zu werden, sobald deine Redehemmung verschwunden ist, in Wohlgefallen auf.

56 Ella Kensignton nennt in ihrem Buch Robin diese innere Bewegung „runterziehen" (seine Energie herunterziehen)

57 oder setzt EMDR-Augenbewegungen, wechselseitiges Schenkelklopfen, eine andere Klopfmethode o. ä. ein

- Wenn das Bild sich verändert, beschreiben lassen, weiter korrigieren – was geschieht dann?
- So oft korrigieren, bis Bild positiv und bleibt. Wie sieht es aus?
- Bleibt das Bild, kann es im Klienten geankert werden (Klient aktiviert alle inneren Sinne / Submodalitäten, ggf. aufzeichnen).
- Auch das Finalbild durch „korrigiere, korrigiere“ vor Störeinflüssen reinigen. Es wird nur korrigiert (gereinigt), was an Sabotageprogrammen dazwischen kommen könnte.

Erfahrungen: Die Idee, dass man selbst der Schöpfer seiner Realität ist, wird im ATA-Prozess fühlbar erlebt. Lernerfolg: Verantwortung für das eigene (Er-)Leben übernehmen.

Nutzen: Die Macht zur Veränderung zurückgewinnen.

ATA – Einzelsitzung: Ergänzungsblatt

Der 15-Schritte-Prozess

Die nachfolgenden Übungen unterstützen den ATA-Prozess und sind insbesondere dann hilfreich, wenn die Beantwortung der drei Fragen (s. letztes Kapitel) schwerfällt.

1. Beschreibe das Symptom, den Vorfall, die Situation, reine Beobachtung ohne Wertung. Dadurch bekommen die kreisenden Gedanken Bodenhaftung.

2. Lese noch einmal Nr. 1 und spüre in dich hinein, welche Gefühle du dabei wahrnimmst. Beschreibe sie und umkreise das für dich am stärksten vorhandene Gefühl.

3. Wo und wie spürst du dieses Gefühl in deinem Körper?

4. Kannst du erkennen, dass „das Symptom" DICH betrifft (auch wenn du nicht weißt, warum)?
   0 Ja 0 Nein

5. Bist du bereit anzuerkennen, dass die Situation einen Zweck hat?
   0 Ja 0 Nein

6. Bist du bereit anzuerkennen, dass etwas Größeres (dein umfassenderes Selbst) die Situation erschaffen hat für dein spirituelles Wachstum?
   0 Ja 0 Nein

7. Kannst du erkennen, dass dieses Umfassendere du AUCH bist?
   0 Ja 0 Nein

8. Bist du offen für die Idee, dass du die Situation eingeladen hast, um einen Schritt nach vorne zu tun, du und jeder Beteiligte ebenfalls?
   0 Ja 0 Nein

9. Erkennst du, dass dein (stärkstes) Gefühl eine direkte Entsprechung zu dem hat, was in dir noch nicht geheilt ist und sich als die Situation zeigt, auch wenn du noch nicht verstehst, worum es hier gehen könnte?
   0 Ja 0 Nein

10. Bist du bereit, dich selbst anzuerkennen für die Situation, die du kreiert hast und „dem Symptom" dafür zu danken, dass es in Erscheinung getreten ist?
    0 Ja 0 Nein

11. Bist du bereit, die Vollkommenheit in der Situation zu sehen und die Situation erst einmal so anerkennen und zu lassen, wie sie ist ohne dem eine Wertung beizumischen?
 0 Ja 0 Nein

12. Bist du bereit für die Möglichkeit, dass die Situation einen Sinn haben könnte und die heilende Botschaft hinter „dem Symptom" verborgen ist, auch wenn du sie noch nicht verstehst?

13. Arbeite mit den drei Fragen der ATA-Technik

 a. Falls du nicht erkennen kannst, was es zu lernen gilt, notiere auf einen Zettel die Situation so kurz und treffend wie möglich, schreibe ein SINUS darüber. Spüre, was dies bewirkt, wenn du den Zettel anschaust. Würde es besser, wenn noch 1, 2 oder 3 Striche davor kämen? Male so viele Striche, wie es für dich ideal ist und mache die Wasserübertragung. Schaue den Zettel an, verbunden mit der sehnsüchtigen Bitte, dass dir das, was es zu lernen gilt, offenbart werde.

 b. Gib „dem Schatten" einen so treffenden Namen wie möglich. Oftmals findest du ihn, wenn du der Spur deiner emotionalen Ladung folgst. Bei der Annahme – Integration und Korrektur des inneren Schattens ist es für dich unterstützend, wenn du das Schattenwort notierst und ein dickes Sinus darüber schreibst und bei der Wasserübertragung denkst „korrigiere, korrigiere" oder auch „ich verstehe und ich liebe dich".

 c. Arbeite mit deiner größten Angst bis hin zum Finalbild wie in der ATA-Technik gelernt.

14. Haben sich nun deine Wahrnehmung, deine Beurteilung und deine Gefühle geändert?
 0 Ja 0 Nein

15. Kannst du nun deine Aufmerksamkeit vom Opferbewusstsein wegnehmen und dich selbst akzeptieren?
 0 Ja 0 Nein

Anmerkung: Ja, als Antwort ist genau so willkommen wie nein, wichtig ist, dass du authentisch bist.

Tipps von A-Z:

- Akzeptieren, was ist, auch wenn es etwas Ungelöstes bzw. eine unangenehme Situation ist.
- Anerkennen: Was ich erlebe ist meine Schöpfung.
- Die *echten* Gefühle wahrnehmen und ausdrücken.
- Die eigene Schöpfung korrigieren durch eine Interventionsmethode, z. B. durch „korrigiere, korrigiere“.
- Die Schöpfung ehren als intelligent, auch wenn ich ihre Intelligenz noch nicht verstehe. „JEDE Kreation verdient Wertschätzung!“ (Harry Palmer)
- In die eigene Schöpfung eintauchen, sich in ihr ausdehnen, mit ihr voll und ganz verschmelzen, sie „nehmen“.
- Sich bewusst machen: Was ist das Ziel, wo will ich hin?
- Sich ggf. fragen: Was ist der Sinn dieser Schöpfung?
- Wahrnehmen, was in meinem Leben da ist, ist wichtiger als das Ziel zu kennen.

Die sicherste Festung

Ein indischer König hatte ein großes Reich. Als der König älter wurde, machte er sich Gedanken, wer das Königreich nach seinem Tode weiterregieren sollte. Er hatte zwei Söhne, rief sie zu sich, und sagte zu ihnen: „Ich möchte einen von euch zu meinem Nachfolger ernennen. Ich habe mich entschieden, dass jeder von euch eine Festung errichten soll – eine Festung, die sehr stark ist, in die niemand eindringen kann, und die alle Angriffe gegen euch abwehren kann. Ihr könnt euch von Schatzmeister so viel Geld geben lassen wie ihr braucht – nach sechs Monaten werde ich mir eure Festung ansehen. Und dann werde ich den zu meinem Nachfolger ernennen, der die bessere Festung gebaut hat.“

Der Ältere nahm sich am nächsten Tag sehr viel Geld und ging in die Berge, wo er mit Hilfe von Arbeitern eine große Festung errichtete. Der Jüngere aber holte sich am nächsten Tag überhaupt kein Geld vom Schatzmeister. Er wechselte die Kleidung, damit ihn niemand als Prinz erkennen konnte, und mischte sich unter die Bevölkerung. Er hörte sich die Probleme der Menschen an, half ihnen, sprach mit ihnen über ihre Schwierigkeiten.

Eines Tages ließ der König seine Söhne rufen, um mit ihnen die Festungen zu besichtigen. Der ältere führte den König zuerst zu seiner Festung und als der König diese sah, war er überrascht, wie schön und stark sie war. Dann fragte er den jüngeren Sohn, wo denn seine Festung sei. Dieser antwortete: „Wir müssen normale Straßenkleidung anziehen, um meine Festung sehen zu können.“ Der König stimmte zu, sie zogen normale Straßenkleidung an und folgten so verkleidet dem jüngeren Sohn. Als sie in das erste Dorf kamen, liefen alle Leute zusammen, um den jüngeren Sohn zu begrüßen. Sie fragten ihn, wie es ihm gehe. Der König sah, wie freundlich sie zu seinem Sohn waren und wie sehr sie ihn schätzten. Als sie ihre Reise beendet hatten, fragte der König, wo denn nun die Festung sei, und der jüngere der beiden Söhne erwiderte: „Meine Festung liegt in den Herzen der Menschen. Die Liebe, die sie mir entgegenbringen, ist eine Widerspiegelung der Liebe, die ich ihnen gebe. Und nichts in dieser Welt kann sie zerstören. Dadurch, dass ich mit ihnen gelebt habe, ist ihr Glaube an mich so groß, dass ihn nichts in dieser Welt erschüttern kann. Diese Art von Festung habe ich erbaut. Als der König über die Festung nachdachte, die sein jüngerer Sohn erbaut hatte, war er überglücklich und ernannte seinen jüngeren Sohn zu seinem Nachfolger ...[58]*“*

Durch unsere Aufstellungsarbeiten errichten wir Festungen in den Herzen der Menschen, die das Glück haben uns zu begegnen.

Meine eigenen Gedanken hierzu: ...

58 Ansprache von Rajinder Singh am 25.12.2001 in Chicago, veröffentlicht in Sat Sandesh März-April 2002

Andreas Krüger

- Geboren am 1.7.1954 in Berlin
- Ausbildung zum Physiotherapeuten und langjährige Arbeit in Klinik und Praxis
- Ausbildung zum Heilpraktiker an der HP-Schule Schwarz, Berlin
- 1982 Niederlassung als Heilpraktiker mit den Schwerpunkten Homöopathie und Leibtherapie
- 1982-1990 Dozent an der HP-Schule Schwarz, Berlin
- Seit 1983 Dozent an der Samuel-Hahnemann-Schule, Berlin für Prozessorientierte Homöopathie (Vorlesungen in Arzneimittellehre) sowie Trancetechniken, Leibtherapie / Mesmerismus und meditative Techniken, schamanistisches Reisen, mantrisches Heilen.
- 1985-1995 Schüler von Jürgen Becker; Dozent und Mitglied der Boller Homöopathie-Woche unter der Leitung von Jürgen Becker und Dr. Gerhardus Lang
- Seit 1988 Schulleiter der Samuel-Hahnemann-Schule
- 1991 Gründung der Arthur-Lutze-Gesellschaft zur Förderung der Homöopathie und Naturheilkunde und deren Vorsitzender.
- Ausbildungsveranstaltungen in Homöopathie auf diversen HP-Tagen und Landesfachfortbildungen. Patienten- und Laienveranstaltungen in den neuen Bundesländern.
- Seit 1995 Gutachtertätigkeit für verschiedene Versicherungen
- Seit 1997 Ausbildung bei Prof. Matthias Varga von Kibéd und Insa Sparrer in Systemischer Aufstellung und lösungsfokussierte Kurzzeittherapie; seither Arbeit mit diesen Methoden in der täglichen Praxis.
- Seit 2000 Entwicklung der Ikonenaufstellungs-Ritualarbeit und Seelsorge („Weg und Wunder“). Leitung regelmäßiger Seminare in homöopathischwunderorientierter Aufstellungs und -Ritualarbeit („Ikonen der Seele“)
- Seit 2001 vermehrte Beschäftigung und Arbeit in der Praxis mit schamanistischer Heilkunst („singt für die Kranken“)
- Seit 2001 Ausbildung in und Arbeit mit schamanistisch geistigem Heilen
- Seit 2002 Leitung von Ausbildungsgruppen in Ikonenarbeit
- Seine Arbeit wurde über die bereits Genannten hinaus beeinflusst vom Denken und von den Werken von Karlfried Graf Dürckheim, Robert Assagioli (Psychosynthese), Peter Orban (Symbolon- Therapie) sowie Zalman Schachter (Chassidische Mystik), Bert Hellinger (Systemische Familientherapie), Wilhelm Reich (Orgon-Therapie) und Paul Uccusic (Schamanismus) sowie von all seinen thera-

peutischen Begleiterinnen und Begleiter (siehe im folgenden eigentherapeutischen Werdegang).

- 2003 Gründung des Windwalker-(„Gehen im Wind")-Homöopathen- und Heilerschwarm der Arthur-Lutze-Gesellschaft zur Unterstützung von Kindern in Südafrika, deren Eltern an AIDS gestorben sind oder die selbst an AIDS erkrankt sind (Adresse: Vezuthando – zeigt Liebe e.V., Walterstr. 5 a, 47475 Kamp-Lintfort, Tel. 0049 (0) 177 6 444 046)
- Besonders in den letzten Jahren Beschäftigung mit traumorientierter Homöopathie
- Seit 2004/5 Entwicklung von verschiedenen Aufstellungsformaten:
- AMEA (Arzneimittel-Entwicklungs-Aufstellung)
- TOA (Trauma-Orientierte-Seelenrückholungs-Aufstellung)
- ESA (Entsetzungsaufstellung)
- ESRA (Erdgebundene-Seelenrückholungs-Aufstellung
- 2-jährige Ausbildung in Seelenreisen-Medizin + neoschamanischen Heilen
- „Heilen mit Wolf und Engel"
- Übungskurs in AvaTÄTERischer Seelenhaltungsarbeit
- Gründung des Ustinovkreises an der Samuel-Hahnemann-Schule (Schulungskreis für therapeutisches- und didaktisches Charisma)

Eigentherapeutischer Werdegang

- 1983-1985 bioenergetisch-analytische Therapie / Soma bei Stephan von Stepski-Doliva
- Seit 1984 mehrere Besuche in Todtmoos / Rütte (initiatische Therapie nach Graf v. Dürckheim / Maria Hippius)
- Seit 1988 bis 1999 als Schüler Leib / Atem- und Stimmarbeit nach Anna Langenbeck bei Mona Glöckler, Berlin
- 1992-1995 in personaler Leibtherapie nach Graf von Dürckheim und Schüler in der Ausbildungsgruppe „personale Leibtherapie" bei René Bugnot
- 1997-2002 regelmäßige Arbeit mit Gestalttherapie, Akupunktur und craniosacraler Therapie bei Antje Jungfer
- Seit 2000 regelmäßige Behandlung mit Craniosacral Therapie und Presselmassage
- bei Marianne Dreher-Krüger
- 2002-2004 Schamanistisches Heilen bei Elke Martin

- Seit 2002 Homöopathische Begleitung durch Michael Rogoisch
- 2003 - 2005 EMDR-Psychotherapie bei Dipl.-Psych. Sabine Adolph
- Seit 2003 regelmäßiges rituelles Laufen mit Mantren-Rezitationen
- Seit 2005 Supervision mit Lasszlo Mattyasowszky
- Seit 2007 Biomagnetismus + Testungen durch Rayk Schörling und Katrin Jankowski
- Seit ca. 20 Jahren Gestalt-Supervision mit Anna Bittmann

Klaus Jürgen Becker

Klaus Jürgen Becker ist Diplom Lebensberater seit 1988, Life Coach und Leiter für systemische Aufstellungen in Seefeld / Oberbayern. Er ist Gastdozent in den Aufstellungs-Seminaren „Ikonen der Seele“ von Layena Bassols Rheinfelder. Seine Ausbildung zum Diplom Finanzwirt (FH) in den 70er Jahren und seine spätere Tätigkeit als Prokurist bzw. Vertriebsleiter einer Bauträger AG eröffneten in ihm die Bewusstheit über Gesetzmäßigkeiten und Strukturen. Zeitgleich mit seinem Berufswechsel zum Lebensberater schrieb er 1987 sein erstes Buch „Nie mehr ärgern“. 1996 machte er die Ausbildung zum Human Design Analysten und gibt seit dem HDS-Persönlichkeitsanalysen, basierend auf den Geburtsdaten. Später lernte er systemische Aufstellungen kennen. Seine diversen Bücher, u. a. „Ho'oponopono – die Kraft der Selbstverantwortung“, „Vom Jüngling zum Mann“, „Mission Possible“ appellieren dazu, die Verantwortung nicht nur für sich selbst, sondern auch für bestehende Systeme, in die man integriert ist, zu übernehmen. Er begleitet und coacht Menschen auch auf der seelischen Ebene, damit sie mit den Herausforderungen auf der physischen Ebene anders umgehen können. Er gibt sowohl Einzelsitzungen sowie auch Vorträge und Seminare.

Kontakt: 08152 – 982354, www.klausjuergenbecker.de

E-Mail: klausjuergenbecker@web.de

Klaus Jürgen Becker
Ho'oponopono – Die Kraft der Selbstverantwortung
600 Seiten – ISBN 978-3-89758-630-7

Ho'oponopono bedeutet „übernatürliche Kräfte wieder herstellen und erhalten". Was wir vor der Entdeckung der Quantenphysik noch für „Wunder" gehalten haben, ist heute erklärbar: Die Kraft der Liebe und Vergebung kann das Leben verwandeln. Wenden Sie dieses Wissen „hier und jetzt" an. Dieses Buch führt Sie Schritt für Schritt zum größten Schatz Ihres Lebens, der in Ihnen selbst liegt.
Mit genau 600 Seiten wird dieses Buch den Rang des Grundlagen- und Standardwerks einnehmen. Die es bisher gelesen haben, waren alle begeistert.